dtv

ZWISCHEN HIER UND DORT

REISEN MIT ERICH KÄSTNER

Herausgegeben
von Sylvia List

Deutscher Taschenbuch Verlag

Von Erich Kästner
sind im Deutschen Taschenbuch Verlag erschienen:
Werke in neun Bänden (59066)
Kästners Werke für Erwachsene liegen auch in diversen
Einzelbänden und Anthologien vor.

**Ausführliche Informationen über
unsere Autoren und Bücher
finden Sie auf unserer Website
www.dtv.de**

FSC
www.fsc.org
MIX
Papier aus verantwortungsvollen Quellen
FSC® C019821

1. Auflage 2014
Deutscher Taschenbuch Verlag GmbH & Co. KG,
München

Umschlagkonzept: Balk & Brumshagen
Umschlagbild: Christoph Niemann
Satz: Greiner & Reichel, Köln
Druck und Bindung: Druckerei C.H.Beck, Nördlingen
Gedruckt auf säurefreiem, chlorfrei gebleichtem Papier
Printed in Germany · ISBN 978-3-423-14313-4

Inhalt

Vorbemerkung

Die Welt ist rund. Man geht auf Reisen …
Erich Kästner, *Eisenbahnfahrt*

»Ich fahre leidenschaftlich gern mit der Eisenbahn«, schreibt Kästner, »man legt in der Stunde sechzig Kilometer zurück, ohne nur einen Schritt zu gehen.« Tatsächlich dürfte kaum ein Autor so viele Gedichte über das Eisenbahnfahren geschrieben haben wie er: *Das Eisenbahngleichnis, Eisenbahnfenster, Goldne Worte kurz vor Abfahrt, Eisenbahnfahrt,* um nur die zu nennen, die in diese Auswahl aufgenommen sind. Kein anderes Verkehrsmittel brachte die Reisenden in den Jahren zwischen den Weltkriegen so zuverlässig, bequem und geruhsam von einem Ort zum andern wie die Eisenbahn. Es war eine Art zu reisen, wie sie Kästners Naturell entsprach: Er konnte aus dem Fenster hinaus- und gleichzeitig sich selbst und anderen beim Unterwegssein zuschauen. Die Angst vieler Zeitgenossen vor einem Zugunglück *(In der Eisenbahn, Frau Fabian reist ab)* scheint er nicht geteilt zu haben.

In den Kinderjahren hatte Kästner mit seiner Mutter die fernere und nähere Umgebung Dresdens erkundet, mit ihr – und Kusine Dora – fuhr er auch das erste Mal an die Ostsee, nach Müritz *(Sommer an der Ostsee)*. Er erlebte das Meer, »diesen atemberaubend grenzenlosen Spiegel aus Flaschengrün und Mancherleiblau und Silberglanz«, und das stille Hinterland mit Heide und Wäldern: »Die Welt war anders als daheim und genauso schön.« So schön, dass er als Student zum Sommersemester 1921 dorthin zurückkehrte, nach Rostock, und auch später die dortige Ostseeküste immer wieder für ein paar Tage oder Wochen besuchte *(Pfingsten am Meer, Ferien und Menschenkunde)*, nun aber zum Studium der Menschen und ihrer merkwürdigen Bräuche und Erlebnisse *(Ball im Osten: Täglich Strandfest, Rekord wider Willen)* – und zur Erholung, auch wenn das Wetter nicht immer mitspielte *(Modernes Reiselied)*.

Von Warnemünde aus fuhr er mehr als einmal mit der Eisenbahnfähre nach Dänemark, zuletzt im Juni 1935, um für die Anfangskapitel seines geplanten Kriminalromans – in dieser Auswahl unter dem Titel *Eine Miniatur verschwindet* – noch einmal in Kopenhagen und auf dem Trajekt Details zu recherchieren.

Kästner reiste so gut wie nie allein, weist in seinen Geschichten aber allenfalls durch ein unauffälliges »Wir« auf das Vorhandensein einer Begleitperson hin, deren – meist weibliche – Identität er kaum jemals preisgibt, nicht einmal dann, wenn es sich um seine Mutter handelt und eigentlich er sie und nicht sie ihn begleitet, wie es bei den Aufenthalten in Bad Nauheim der Fall war *(Die Badekur, Das Herz im Spiegel)*.

Um dem immer gleichen Alltag im Herzbad und »der drohenden Gehirnerweichung« zu entfliehen, bestiegen Mutter und Sohn bisweilen den Postbus und gondelten durch den Taunus. Dabei entstand eines von Kästners bezauberndsten Gedichten, *Ein Beispiel von ewiger Liebe*, einer Liebe, die nur deswegen ewig bestehen kann, weil sie sich nicht der Wirklichkeit stellen muss.

Ganz anders die *Fußnoten zu einer Reise,* die Kästner 1927 am Ende einer dreiwöchigen Reise mit seiner Mutter durch Südtirol, Norditalien und das Tessin verfasste. Aus ihnen spricht Kästner, der Lehrer, der seinen Lesern erklärt, wie sie mit präziser Planung, kluger Bescheidenheit und umsichtigem Verhalten auch auf einer Auslandsreise mit nur fünfzehn Mark täglich auskommen können, ohne sich spürbar einschränken zu müssen. Auslandsreisen galten in jenen Jahren noch als schier unerschwinglicher Luxus, und so mochte die ermunternde Aufklärung durchaus angebracht sein.

In Norditalien und dem Tessin hatte Kästner seine ganz persönlichen Lieblingslandschaften entdeckt, die Gebirgsseen. »Eine idealere Vereinigung verschiedener Schönheiten«, schwärmte er, sei »nicht ausdenkbar«. Auf der großen Schweizreise, die er im Jahr darauf, 1928, unternahm, wieder mit seiner Mutter *(Leute auf Reisen),* konnte er dieser Vorliebe frönen: Der Genfer See wurde von einem Ende zum andern bereist, von da ging's über den Neuenburger See und Interlaken zum Vierwaldstätter See, und vermutlich wurde auch der Zürichsee nicht ausgelassen, auch wenn wir davon keine Nachricht haben. Von Interlaken, zwischen Thuner und Brienzer See gelegen, gelangten Mutter und Sohn bekanntlich *In Halbschuhen auf die Jungfrau,* wo Kästner sich an den »Märchengipfeln aus blitzend weißem Kristall« nicht sattsehen konnte. Seither fuhr er, wann immer möglich, im Winter ins Gebirge, um den Anblick schneebedeckter Gipfel und Hänge zu genießen.

Unter den deutschen Gebirgsseen hatte es ihm ganz besonders der unterhalb der Zugspitze gelegene Eibsee angetan. In der Schilderung des Ausflugs, den Luise und ihre Mutter ins Gebirge machen *(Ein Wochenende wie Himbeeren mit Schlagsahne)*, hat er diesem verwunschenen dunklen See, der von oben aussieht, »als ob der liebe Gott bloß mal so hingespuckt hätte«, sein ganz persönliches Denkmal gesetzt.

Die letzte große Bildungsreise, die Kästner in den 20er-Jahren unternahm, führte ihn nach Paris. In Gesellschaft von Erich Ohser – Zeichner, Kollege, Freund – und seiner Exfreundin Ilse Julius besichtigte er die üblichen Sehenswürdigkeiten, aber worauf er neugierig war, was ihn fesselte und was er beschrieb, war wieder das Alltagsleben der Stadt mit seinen beschaulichen, pittoresken und amüsanten Eigentümlichkeiten *(Jardin du Luxembourg, Eine Stadt wird erobert)*. 1952 freute Kästner sich auf das Wiedersehen mit Paris – er wollte dorthin zu Filmverhandlungen und anschließend zum PEN-Kongress nach Nizza –, aber es graute ihm vor der Zeit, die dazwischen lag, vor der langen Bahnfahrt ohne Speisewagen, vor den doppelten Pass-, Devisen- und Zollkontrollen an den Grenzen, mit deren Gründlichkeit er bei anderen Nachkriegsreisen wahrhaft unvergessliche Erfahrungen gemacht hatte *(Zwischen hier und dort)*.

Im Vergleich dazu war das Reisen vor dem Krieg noch erheblich komfortabler gewesen. Doch wurde es in den 30er-Jahren zunehmend schwierig, ins Ausland zu reisen. Schon 1931 hatte Deutschland eine Reichsfluchtsteuer eingeführt und den Devisentransfer beschränkt. Im Oktober 1934 schließlich wurde die Mitnahme von Devisen auf 10 Reichsmark pro Person und Reise (heute etwa 40 Euro) begrenzt. Zum Glück konnte Kästner seinen Kopenhagenaufenthalt 1935 mit dänischen Buchhonoraren finanzieren.

Sein »Herr aus Chemnitz« aber, von dem Kästner 1927 auf Grund einer wahren Begebenheit berichtet, wäre wohl sehr froh gewesen, hätte auch er an seinem Reiseziel über ein Bankguthaben verfügt. Dann hätte er sich nicht sämtlicher Wertgegenstände entblößen müssen, weil die Berliner sich weigerten, seine *Sächsische Edelvaluta* als Zahlungsmittel zu akzeptieren.

Kästner plante seine Reisen sorgfältig, spontane Abenteuer waren nicht seine Sache. Aber nicht umsonst liebte er seit jeher Figuren wie den fantasievollen Lügenbaron Münchhausen. Und so erfand er 1925 den übermütigen Amfortas Kluge. Dieser will zum Zweck einer Reportage an den Kongo, landet aber auf Grund eines Navigationsfehlers am Nordpol *(Fünf Minuten Nordpol).* Anschließend reist er mit seinem Freund Bobby nach Tibet *(Als Scheuerfrau beim Dalai-Lama),* wo die beiden irrwitzigen Gefahren trotzen und auf ihrer Flucht quasi im Vorübergehen auch noch als Erste den Mount Everest besteigen. Diese köstlichen Geschichten zeigen, dass *Der 35. Mai* in Kästners Werk nicht so singulär ist, wie man vielleicht meinen könnte.

In den 20er-Jahren ist Kästner viel und gern gereist. Er konnte einfach nicht stillsitzen: »Man geht auf Reisen, / damit sich die Nervosität verliert.« Er wollte die Welt sehen, zumindest den Teil, in dem er sich in den beiden lebenden Sprachen, die er beherrschte – Deutsch und Französisch – verständigen konnte, schließlich wollte er sich nicht wie ein »Halbidiot« vorkommen. Aber er war nie gerne lange fort, immer sehnte er sich zurück: »Herrlich ist es, in die Welt zu fahren, / wenn nur nicht das Heimweh wäre!« Am Heimweh lag es wohl, dass er von den 30er-Jahren an immer wieder an Orte und in Gegenden fuhr, in denen er sich heimatlich fühlte. Und als nach 1945 Reisen an viele seiner Lieblingsorte unmöglich wurden, er in München ein Haus mit einem riesigen blumen- und vogelreichen Wildgarten hatte und das Reisen auch längst nicht mehr so beschaulich wie früher war, ging ihm die Reiselust allmählich verloren. In *Als ich ein kleiner Junge war* behauptete er 1957 sogar, seine »echte und unbelehrbare Abneigung vorm Reisen« sei eine ererbte Familieneigenschaft.

Aber da sieht man einmal mehr, wie sehr die Erinnerung täuschen kann – auch jemanden wie Erich Kästner.

München, Januar 2012 Sylvia List

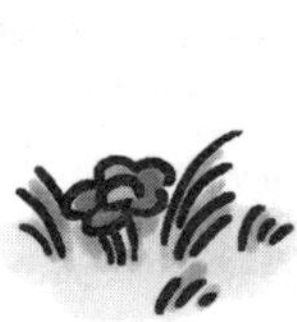

REISEN MIT ERICH KÄSTNER

Fahrt in die Welt

Seltsam ist's mit einem Schiff zu fahren,
das sich abschiedsschwer vom Ufer trennt.
Jenes Land, in dem wir glücklich waren,
wird ein Strich am Firmament.

Lange stehen wir an Bord und winken,
bis die Heimat wie ein Traum vergeht.
Muss das Alte immer erst versinken,
ehe Neues aufersteht?

Doch dann schauen wir nicht mehr zurück.
Unbekannte Ufer werden kommen
und vielleicht ein unbekanntes Glück.
Und das Herz ist fast beklommen.

Und wir freuen uns am Wunderbaren,
und wir reisen gern durch neue Meere.
Herrlich ist es, in die Welt zu fahren,
wenn nur nicht das Heimweh wäre!

Fahrten ins Blaue

Erfahrungen sind dazu da, dass man sie macht. Ob man dadurch, wie der Volksmund behauptet, klug wird, steht auf einem anderen Blatt. Dafür, dass Millionen Menschen Tag für Tag Erfahrungen sammeln, gibt es, an unserem Sprichworte gemessen, zwei Milliarden kluge Leute zu wenig, und das sollte zu denken geben.

Eine Unterabteilung der Erfahrungen, die man macht, ohne daraus zu lernen, sind die Wünsche, die in Erfüllung gehen. Wem wäre, so mäkelig in eigner Sache er auch sein mag, nicht schon das eine oder andre Mal ein Wunsch in Erfüllung gegangen! Gab er deshalb die Wünscherei auf? Nein. Und wenn er sich, falls er eine Märchenfigur ist, sogar drei Wünsche gestatten darf – wird er von Wunsch zu Wunsch klüger? Nein.

Man kennt Ausnahmen. Im Märchen und im Leben. Frau Grosche zum Beispiel. Übrigens nicht aus einem Märchen, sondern aus Weixdorf, einem reizenden Seeflecken bei Dresden. Frau Grosche lernte tatsächlich aus der (allerdings recht verqueren) Erfüllung eines Wunsches, und das wollen wir ihr nicht vergessen. Die Geschichte passierte vor rund zwanzig Jahren, und somit bleibt ungeklärt, ob es derartig belehrbare Mitmenschen auch heute noch gibt. Ich habe Freunde, die es bezweifeln.

In Dresden existierte also, früher einmal, eine halbamtliche Einrichtung, die sich »Fahrten ins Blaue« nannte und, besonders bei den kleinbürgerlichen Hausfrauen, sehr beliebt war. Man fand sich, mittwochs und samstags nach dem Mittagessen, am Stübelplatz ein, wo mehrere leere Omnibusse warteten, zahlte ein paar Mark und erwarb sich damit das Anrecht, an einem Ausfluge teilzunehmen, dessen Ziel »unbekannt« war. An einem von den Schaffnern bis zuletzt geheim gehaltenen Endpunkte, irgendeinem der zahlreichen ländlichen Juwele der Umgebung, wurden Kaffee und Kuchen geboten. Und abends trafen die Frauen, von dem kleinen vorgespiegelten Abenteuer aufs angenehmste unterhalten und ermüdet, wieder bei ihren aufs Abendbrot und den Reisebericht wartenden Familien ein.

So geschah es eines schönen Mittwochs früh, dass Frau Grosche, übrigens die Wirtin eines hübschen Gartenrestaurants, zu ihrem Manne sagte: »Das ganze Jahr komme ich nicht aus dem Haus. Man gönnt sich nichts. Habe ich deshalb geheiratet? Nein, mein Lieber! Weißt du was? Ich werde heute eine ›Fahrt ins Blaue‹ mitmachen!«

»Meinetwegen!«, antwortete der Gatte. »Amüsier dich gut!«

Sie benutzte den Vorortzug nach Dresden, stieg am Neustädter Bahnhof in die Straßenbahnlinie 6 und erklomm, am Stübelplatz angelangt, einen der wartenden Omnibusse. Die Fahrt ins Abenteuer begann pünktlich und nahm für alle den normal überraschenden Verlauf. Nur nicht für Frau Grosche. Ihre Überraschung war anderer Natur.

Haben Sie es schon erraten? Ja? Genau so kam es! Das sorgfältig verschwiegene Reiseziel war an diesem Mittwoch ausgerechnet der ländliche Gasthof, dessen Wirtin Frau Grosche war und den sie am Morgen mit der festen Absicht verlassen hatte, endlich etwas Funkelnagelneues zu erleben!

»Gut, dass du kommst!«, rief ihr Mann, der den Quark- und den Streuselkuchen eifrig in Streifen schnitt. »Binde dir schnell 'ne frische Schürze um, und hilf mir beim Servieren!« Sie band sich eine frische Schürze um und belud ein Tablett mit Kaffeegeschirr und selbstgebackenem Kuchen. Als sie es anhob, um es in den Garten zu tragen, wo ihre Reisegefährten in der Sonne saßen, sagte sie, und dies spricht für ihre überdurchschnittliche Fähigkeit, aus Erfahrungen zu lernen: »Das nächste Mal bleib ich *gleich* hier!«

Sommer an der Ostsee

In den Sommerferien des Jahres 1914 griff Tante Lina tief und energisch in den Geldbeutel. Sie schickte meine Mutter und mich mit Dora an die Ostsee. Das war meine erste große Reise, und statt des Rucksacks trug ich zum ersten Mal zwei Koffer. Ich kann nicht sagen, dass mir der Tausch sonderlich gefallen hätte. Ich kann Koffertragen nicht ausstehen. Ich habe dabei das fatale Gefühl, dass die Arme länger werden, und wozu brauch ich längere Arme? Sie sind lang genug, und auch als Junge wünschte ich mir keine längeren.

Vom Anhalter zum Stettiner Bahnhof spendierten wir uns eine Pferdedroschke »zweiter Güte«, und so sah ich, zwischen Koffern hindurchlugend, zum ersten Mal ein Eckchen der Reichshauptstadt Berlin. Und zum ersten Male sah ich, auf der Fahrt durch Mecklenburgs Kornfelder und Kleewiesen, ein Land ohne Hügel und Berge. Der Horizont war wie mit dem Lineal gezogen. Die Welt war flach wie ein Brett, mit Kühen drauf. Hier hätte ich nicht wandern mögen.

Besser gefiel mir schon Rostock mit seinem Hafen, den Dampfern, Booten, Masten, Docks und Kränen. Und als wir gar von einer Bahnstation aus, die Rövershagen hieß, durch einen dunkelgrünen Forst laufen mussten, wo Hirsche und Rehe über den Weg wechselten und einmal sogar ein Wildschweinehepaar mit flinken gesprenkelten Frischlingen, da war ich mit der norddeutschen Tiefebene ausgesöhnt. Zum ersten Male sah ich Wacholder im Wald, und an meinen Händen hingen keine Koffer. Ein Fuhrmann hatte sie übernommen. Er wollte sie abends beim Fischer Hoff in Müritz-Ost abliefern. Der Wind, der die Baumwipfel wiegte, roch und schmeckte schon nach der See. Die Welt war anders als daheim und genauso schön.

Dora Augustin (l.) und Ida Kästner, Müritz 1914

Eine Stunde später stand ich, vom Strandhafer zerkratzt, zwischen den Dünen und sah aufs Meer hinaus. Auf diesen atemberaubend grenzenlosen Spiegel aus Flaschengrün und Mancherleiblau und Silberglanz. Die Augen erschraken, doch es war ein heiliger Schrecken, und Tränen trübten den ersten Blick ins Unendliche, das selber keine Augen hat. Das Meer war groß und blind, unheimlich und voller Geheimnisse. Gekenterte Schiffe lagen auf seinem Grund, und tote Matrosen mit Algen im Haar. Auch die versunkene Stadt Vineta lag drunten, durch deren Straßen Nixen schwammen und in die Hutläden und Schuhgeschäfte starrten, obwohl sie keine Hüte brauchten, und Schuhe schon gar nicht. Fern am Horizont tauchte eine Rauchfahne auf, dann ein Schornstein und nun erst das Schiff, denn die Erde war ja rund, sogar das Wasser. Monoton und nass, mit weißen Spitzenborten gesäumt, klatschten die Wellen gegen den Strand. Schillernde Quallen spuckten sie aus, die im Sande zu blassem Aspik wurden. Raunende Muscheln brachten sie mit und goldgelben Bernstein, worin, wie in gläsernen Särgen, zehntausendjahralte Fliegen und Mücken lagen, winzige Zeugen der Urzeit.

Sie wurden im Kiosk neben der Mole als Andenken verkauft, zwischen Zwetschgen und Kinderschaufeln, Gummibällen, Basthüten und Zeitungen von gestern. Am Rande des Erhabenen fand das Lächerliche statt. Man war den Städten entflohen und hockte jetzt, angesichts der Unendlichkeit, noch viel enger nebeneinander als in Hamburg, Dresden und Berlin. Man quetschte sich auf einem Eckchen Strand laut und schwitzend zusammen wie in einem Viehwagen. Links und rechts davon war der Strand leer. Die Dünen waren leer. Die Wälder und die Heide waren leer. Während der Ferien lagen die Mietskasernen am Ozean. Sie hatten keine Dächer, das war gut. Sie hatten keine Türen, das war peinlich. Und die Nachbarn waren funkelnagelneu, das war für die Funkelnagelneugierde ein gefundenes Fressen. Der Mensch glich dem Schaf und trat in Herden auf.

Wir gingen an den Strand, ins Wasser und auf die Mole nur hinaus, während die Herde in den Pensionen zu Mittag und zu Abend aß. Sonst machten wir Spaziergänge und Ausflüge wie daheim. Die Küste entlang nach Graal und Arendsee. In die Wälder, an schwelenden Kohlenmeilern vorbei, zu einsamen Forsthäusern, wo es frische Milch und Blaubeeren gab. Wir borgten uns Räder und fuhren durch die Rostocker Heide nach Warnemünde, wo die Menschenherde auf der Ferienweide noch viel, viel größer war als in Müritz. Sie schmorten zu Tausenden in der Sonne, als sei die Herde schon geschlachtet und läge in einer riesigen Bratpfanne. Manchmal drehten sie sich um. Wie freiwillige Koteletts. Es roch, zwei Kilometer lang, nach Menschenbraten. Da wendeten wir die Räder um und fuhren in die einsame Heide zurück. (Hier oben in Mecklenburg hatte sich meine Mutter endlich wieder aufs Rad gewagt. Denn an der Ostsee gab es keine Berge. Hier war die vertrackte Rücktrittbremse ein überflüssiges Möbel.)

Am schönsten war die Welt am Meer in sternklaren Nächten. Über unseren Köpfen funkelten und zwinkerten viel mehr Sterne als daheim, und sie leuchteten königlicher. Der Mondschein lag wie ein Silberteppich auf dem Wasser. Die Wellen schlugen am Strand ihren ewigen Takt. Von Gjedser zuckte das Blinkfeuer herüber. Es war ein Gruß aus Dänemark, das ich noch nicht kannte. Wir saßen auf der Mole. Uns war so vieles unbekannt, und wir schwiegen. Plötzlich erscholl Operettenmusik in der Ferne und kam langsam näher. Ein Küstendampfer kehrte, mit Lampions geschmückt, von einer der beliebten und preiswerten »Mondscheinfahrten in See« zurück. Er legte schaukelnd am Molenkopf an. Ein paar Dutzend

Feriengäste stiegen aus. Lachend und lärmend trabten sie an unserer Bank vorüber. Kurz darauf versank das Gelächter hinter den Dünen, und wir waren wieder mit der See, dem Mond und den Sternen allein.

Am 1. August 1914, mitten im Ferienglück, befahl der deutsche Kaiser die Mobilmachung. Der Tod setzte den Helm auf. Der Krieg griff zur Fackel. Die apokalyptischen Reiter holten ihre Pferde aus dem Stall. Und das Schicksal trat mit dem Stiefel in den Ameisenhaufen Europa. Jetzt gab es keine Mondscheinfahrten mehr, und niemand blieb in seinem Strandkorb sitzen. Alle packten die Koffer. Alle wollten nach Hause. Es gab kein Halten.

Rekord wider Willen

Dass Fett gewöhnlich oben schwimmt,
Das stimmt. –

In Sassnitz sprach Direktor Braun
Zu seiner Frau: »Auf Wiederschaun!«

Und während sie sich weitersonnte,
Probiert' er, ob er schwimmen konnte.

Es ging: Es gab ihm förmlich Spaß,
Sodass er Sassnitz ganz vergaß.

Dann kriegte er den Krampf ins Bein
Und warf sich rücklings. Und schlief ein.

Als er erwachte, sah er Strand.
Braun suchte Grund und ging an Land.

Er wollte mit den Leuten reden.
Das ging nicht gut. Er war – in Schweden.

Man filmte ihn. Man gab ihm Orden.
Man faselte von Schwimmrekorden.

Der König gratulierte gar.
Braun fand das alles sonderbar. –

Im Postamt schrieb er ’ne Depesche
An seine Frau: er brauche Wäsche

Und etwas Geld. »Denn«, schloss er bieder,
»Den Rückweg schwimme ich nicht wieder.«

In der Eisenbahn

Ich fahre leidenschaftlich gern mit der Eisenbahn. Man legt in der Stunde sechzig Kilometer zurück, ohne nur einen Schritt zu gehen: Das ist der ideale Fall einer Leistung ohne Arbeit. Allerdings, zweiter Klasse fahre ich ungern. Sobald ich nämlich so ein rotplüschenes Abteil betrete, sehen mich alle an, als wollten sie sagen: »Das muss wohl ein Irrtum sein.« Und hierin bin ich sehr empfindlich. Auch dritter Klasse fahre ich ungern; denn da sitzt bestimmt irgendein rheumatischer Herr drin, der aufgeregt den Fensterspalt sucht, durch den es zieht; oder zwei nervöse Damen stellen mit bösen Seitenblicken fest, dass sie aus Versehen in das Raucherabteil gestiegen sind. Dabei husten sie kläglich und wedeln mit den Handschuhen. Und dann schmeckt mir meine Zigarette nicht mehr.

Aber vierter Klasse fahren – ja, das ist wirklich eine reine Freude! Manchmal kommt ein Mann herein, der ein Tiroler Hütchen aufhat und deshalb bayrischen Malz verkauft. Die Tüte kostet nur 150 Mark. Bevor er das aber sagt, verteilt er an alle kleine Kostproben, in Seidenpapier eingewickelt. Und da kauen dann alle ihr Stückchen bayrischen Malzes und machen süße Augen. Nur die konfirmierten Mädchen genieren sich und halten ihr Seidenpapierpaketchen zwischen den Zwirnhandschuhen. Peinlich wirkt die Stille, nachdem das Tiroler Hütchen den Preis seiner Tütchen genannt hat. Denn es kauft kein Mensch. Erst wenn dieser Wahl-Tiroler brummend aus dem Wagen geklettert ist, wird es wieder gemütlich.

Kürzlich stieg ein kleiner lebhafter Herr in den Wagen. Das war in Wurzen. Als der Zug weiterfuhr, stöhnte der kleine Herr leicht auf. Ihm gegenüber saß eine blasse junge Frau. Sie sah den stöhnenden Herrn mit ihren großen Augen forschend an. »Ach ja«, sagte der kleine Herr, »Eisenbahnfahren ist so furchtbar gefährlich. Man weiß nie, ob nicht ein Unglück passiert.« Und er stöhnte dabei leicht auf. »Es ist zum Beispiel erwiesen«, sagte der kleine Herr, »dass jeden Tag auf der Erde durchschnittlich zwei Eisenbahnkatastrophen vorkommen. – – – Wenn ich nun gerade in einen dieser zwei Züge gestiegen bin! So etwas weiß man ja immer erst hinterher genauer.« Die großen Augen der jungen Frau wurden noch größer. Eine alte

Zugunglück bei Groß-Reifling, 1891

Bäuerin betrachtete besorgt ihren Tragkorb voller Eier. »Bei dem Dresdner Zugunglück«, sagte der kleine Herr, »fuhr der Berliner Zug in den Leipziger Zug von hinten hinein. Der letzte Personenwagen wurde vollständig zerquetscht. Die darin saßen natürlich auch. Und der vorletzte Wagen wurde in den drittletzten richtig hineingedrückt; wie eine Schachtel in die andere. Die Reisenden wurden so ganz breitgedrückt. Keine Rippe blieb ganz.« Das Gesicht des kleinen Herrn strahlt förmlich vor Freude. Das junge Mädchen neben mir schmiegt sich zitternd an mich an. Sie hat so kornblonde Haare –. Der Gatte der blassen Frau mit den großen Augen sagt ärgerlich: »Da kann man sich ja in die vorderen Wagen setzen.« – »Nein, mein Lieber«, sagt der kleine Herr, »das nützt Ihnen gar nichts. Es gibt nämlich auch Zugzusammenstöße von vorn. Die Lokomotiven fahren gegeneinander. Und gerade die vorderen Wagen, in denen Sie, mein Lieber, sitzen, werden zertrümmert. – Das ist aber noch nicht alles: Es können auch Wagen, etwa die mittleren, aus den Gleisen geschleudert werden. Und dann stürzen Sie eine Brücke hinunter in den Abgrund!« Die Bauersfrau hält ihren Eierkorb mit beiden Händen krampfhaft fest. Das blonde Mädchen neben mir zittert wie ein Pinscher im Schnee. Der jungen Frau rollen dicke Kindertränen über die Backen. Der kleine Herr lächelt nachsichtig. Der Gatte der jungen Frau steht auf und sagt: »Wenn Sie jetzt nicht gleich Ihren Schnabel halten, schmeiße ich Sie durchs Fenster. Ja.« – »Aber erlauben Sie mal«, sagt darauf der kleine Herr, »ich wollte Sie nur auf die Größe der Gefahr aufmerksam machen, in der Sie täglich schweben. Da hilft nur eins: Sie müssen sich gegen Eisenbahnunfälle versichern. Ich bin nämlich Agent der seit zwanzig Jahren bestehenden Eisenbahn-Versicherung ›Adjutantia‹ …« – »Sie Halunke!«, brüllt da der junge Ehemann los, packt den kleinen Versicherungsbeamten an den Mantelknöpfen und schüttelt ihn temperamentvoll hin und her. Und als der Zug in Machern hält, wirft er ihn zur Tür hinaus. Doch der kleine Herr steckt noch einmal seinen Kopf durch die Tür, droht dem erregten Gatten mit einem Bündel Versicherungsformularen und schreit: »Sie – Sie Hausknechtsnatur Sie! Wenn Sie zerquetscht unter der Lokomotive liegen, dann werden Sie an mich denken! Sie! Herr!« Damit haut er die Tür zu.

Der Gatte ist um seine blasse junge Frau bemüht; ich aber um das niedliche blonde Mädchen. Und dann sind sie alle wieder ruhig. Nur die Bauersfrau hält ihren Eierkorb ängstlich umarmt. Und das junge Mädchen drückt sich noch immer leise an mich. Nicht gerade aus Angst; eher schon im Gegenteil … Vielleicht …

Kurz und gut: Ich fahre leidenschaftlich gern mit der Eisenbahn.

Eisenbahnfenster

Felder fliehen
in tanzenden Kreisen.
Berge stürzen
auf Dorf und Tal.
Nebel schleifen
neben den Gleisen.
Brücken dröhnen,
und Wolken zerreißen.
Taumelnde Birken
winken einmal.

Wiesen und Wege
strudeln vorbei.
Acker wird Weide;
Weide wird Sand.
Schwarz
steht die Hügelmühle am Rand;
flügelt
die brandrote Sonne entzwei.

Vorbei ist der Weg.
Vorbei ist das Land.

Fußnoten zu einer Reise

Locarno, im Mai.

Die Natur hat ihre Kunstkritiker erhalten. Berufene und andere Reisende unterziehen die Landschaft einer »Besprechung«, wie sie bisher nur dem Theaterstück, dem Gemälde oder der Bilanz widerfuhr. Ja, es gibt bereits uraufgeführte Landschaften, die das Publikum erst besucht, nachdem sie rezensiert wurden (...), doch die Landschaft lehnt es ab, als Kunstgattung und Fachgebiet behandelt zu werden. Sie ist kein Ölgemälde, und sie ist keine Inszenierung. Wer sie aber dafür hält, der verwechsele künftighin gefälligst das Mittagbrot mit einem Stillleben und esse sich an Bildern von Bracque satt.

Naturschutzvereine gibt es schon. Man sollte endlich Naturgefühls-Schutzvereine gründen!

Die Statuten dieses Vereins müssten zwei Ausnahmeparagraphen enthalten: 1. Menschen, die man früher Dichter genannt hätte, dürfen weiterrezensieren; 2. Landschaftsbesprechungen sind insoweit statthaft, als sie dem, der *nicht* verreisen kann, Ersatz bieten wollen.

Im Übrigen: Es grenzt an Entmündigung, Naturgefühle vorzukauen. Jeder normale Mensch hat seine eigenen Zähne. Und niemand soll ihn dazu zwingen wollen, zu verdauen, was er nicht als Erster in den Mund nahm. Das wäre Windelwirtschaft.

Etwas anderes ist es, praktische Erfahrungen mitzuteilen. Man soll den Leser mit dem Gefühlsleben anderer verschonen, das der Sonnenuntergang in Heringsdorf zuwege bringt. Aber dass jeder, wo immer er reist, mit zwölf bis fünfzehn Mark pro Tag auszukommen vermag, das sollte geschrieben werden. Denn durch derartige Hinweise wird Zeit für Wichtigeres frei. – Wie der Sternhimmel in Klampenborg wirkt, braucht der Reisende nicht früher zu erfahren, als bis er an Ort und Stelle ist; und durch niemanden sonst als durch sich selber. Dass es sich aber empfiehlt, nach Italien harte Würste mitzunehmen, wenn man nicht beim Anblick italienischer Salamiwurst verzweifeln will, das kann manchem, der es liest, den Aufenthalt in Taormina verschönern helfen.

Es handelt sich demnach hier um die Wiedergabe subjektiver Beobachtungen, die objektiv nicht ganz wertlos sind; um eine Sorte von Mitteilungen, die weder im Baedeker noch im üblichen Reisefeuilleton Platz fanden. Doch der Leser wird schon sehen …

Um eine Äußerung von vorhin aufzugreifen: Es gibt keinen Ort und keine Gegend, wo der selbstsichere Reisende nicht mit fünfzehn Mark auskommen könnte. Saubere Übernachtung, Frühstück, eine warme Mahlzeit, der Fünfuhrtee, das Abendbrot aus der Tasche, Trinkgelder und Ansichtskarten, ein Glas Wein und ein Stück Dampferfahrt – alles für fünfzehn Mark! Ob er in Lire oder in Gulden, ob in Kronen oder Frank zahlt – fünfzehn Mark reichen vollständig. – Den unter normalen Verhältnissen taktfesten Menschen überfällt oft, wenn er Reisen erwägt oder ausführt, ein geradezu lähmendes Minderwertigkeitsbewusstsein, das ihn zur Aufgabe der Reise oder zu unnötigen Ausgaben drängt. Vor allem, wenn es sich ums Ausland handelt; denn die fremde Sprache macht ihn leicht zum Halbidioten. Gelingt es ihm aber, sein Erwachsensein und seine Entschlussfreiheit zu konservieren, so kann er, komme, was wolle, mit fünfzehn Mark existieren; ob er nun in Venedig oder Zürich, Innsbruck oder Bellagio die Welt betrachtet.

Niemand lasse sich, trotz der Fünfzehn-Mark-Route, ein Zimmer aufnötigen, dessen Fenster auf den Hof gehen. Ohne Narkose übersteht kein Deutscher die südländischen Küchengerüche, die sich nachts zum Himmel emporschwingen. Und sollte er überdies im Besitz eines schwachen Magens sein, so darf er sich von vornherein und auf mindestens acht Tage für satt erklären.

Jeder Tourist – auch die Touristin! – reise in zwiefacher Gestalt! Der »bessere« Mensch – der Smoking oder das kleine Abendkleid – gehören in den Koffer. Jederzeit ist man so in der Lage, die Haut zu wechseln und ein wenig salonfähig zu werden. Und nichts ist angenehmer, als in irgendeinem noblen Kurort vorübergehend als akzeptabler Kurgast auf- und unterzutauchen. Der Tiroler Hut, der am nächsten Morgen wieder aufgestülpt wird, sitzt noch einmal so sicher.

Nichts ist weniger klug, als dort, wo man übernachten will, in der Dunkelheit einzutreffen. Man fällt unweigerlich einem der kostspieligsten Hoteldiener in die Hände, lässt sich willenlos und müde in irgendein überflüssiges Himmelbett mit Verzierungen schleppen, deren jede auf die Rechnung kommt, und verdirbt das Budget für immer.

Bescheidenheit ist die ärgste Gefahr des Touristen. Er darf niemals vergessen, dass er der *Kunde* ist; dass er das Recht zur Beschwerde hat und dass es nicht unanständig ist, nach dem Preis zu fragen, ehe man kauft. Der angenehmste Gast zu sein, ist nicht ohne weiteres ein Lob, sondern ebenso oft eine Dummheit.

Wer sich darüber unklar ist, ob er an die See oder ins Gebirge reisen soll, der suche *Gebirgsseen* auf! Eine idealere Vereinigung verschiedener Schönheiten ist nicht ausdenkbar. Alle Möglichkeiten der Erholung und der Naturfreude, die anderswo nur getrennt erreichbar bleiben, sind hier aufs innigste vereinigt. Strand- und Badetreiben, Fahrten in die See, Gebirgstouren, Panoramen – nichts wird fehlen.

Es gibt Menschen, die behaupten, in Italien sei es für den kultivierten Nordländer einfach unerträglich, *dritter Klasse* zu reisen. Das ist, für die größeren Eisenbahnlinien wenigstens, eine Legende. Es kann geschehen, dass man zuschauen darf, wie eine Mutter ihren Bambino an die Brust legt. Doch wem so etwas gegen den guten Geschmack geht, der ist zum Touristen verdorben. Er begebe sich ins Bad und treibe im Laufe eines Monats dreißigmal dasselbe!

Der oberste Leitsatz jedes Touristen muss heißen: Schlechtes Wetter gibt es nicht.

Diese Einstellung ist ohne Training und ohne brauchbare Kleidung nicht erreichbar. Aber sie trägt Zinsen. Und so braucht das Kapital des Willens zum Frohsinn nicht angegriffen zu werden, sondern wird als erhöhtes Konto in die Heimat zurückgebracht und reicht für ein neues Jahr zum Weiterleben.

Reisen fördert die Völkerversöhnung. Es ist nicht denkbar, dass jene Deutschen, die an den verschiedensten Ausflugsorten Europas mit Franzosen, Italienern und Engländern radebrechend parlieren und international verständlich lachen, fernerhin abstrakte Kriegsgedanken pflegen.

Reisen überbrückt die missverstandenen Nationalismen. Je mehr Menschen auf Reisen gehen, umso weniger Menschen werden verstehen, dass man mit Granaten aufeinander schießen kann. Die *Touristen sind Kriegsgegner;* sie bilden einen unsichtbaren Völkerbund.

Als tröstlichen Beschluss dieser Notizen: Es ist nicht wahr, dass die Sachsen den meisten Kaffee trinken. Fahren Sie nach Italien!

Eisenbahnfahrt

Die Welt ist rund. Man geht auf Reisen,
damit sich die Nervosität verliert.
Und Bauern stehen an den Gleisen,
als würden sie fotografiert.

Man sieht ein Schloss und spiegelglatte
Gewässer und ein rotes Feld mit Mohn.
Die Landschaft kreist wie eine Platte
auf Gottes großem Grammophon.

Der Schnellzug rast und will nicht rasten.
Die Hühner nicken längs der Bahn.
Vorm Fenster wehen Telegrafenmasten
wie Maiglöckchen aus Porzellan.

Die Drähte fallen tief und steigen.
Die Masten gehen manchmal in die Knie.
Es ist, als ob sie sich vor uns verneigen.
Uns wird so eigen!
Wir ziehn den Hut und grüßen sie
und schweigen.

Ein Beispiel von ewiger Liebe

Im gelben Autobus ging's durch den Ort.
Schnell hinein. Schnell heraus.
Erstes Haus. Letztes Haus.
Fort.

Hab ich den Namen vergessen?
Ob ich ihn überhaupt las?
Es war eine Kleinstadt in Hessen,
zwischen Reben und Gras.

Du standest am Gartenrand,
als du mich plötzlich erblicktest.
Zärtlich hob ich die Hand.
Du nicktest.

Darf ich nicht du zu dir sagen?
War keine Zeit dazu,
lang um Erlaubnis zu fragen.
Ich sag du.

Ich wünschte so sehnlich,
ich stünde bei dir.
Ging dir's nicht ähnlich?
Ging dir's wie mir?

Der Zufall hat keinen Verstand.
Es heißt, er sei blind.
Er gab und entzog uns hastig die Hand,
wie ein ängstliches Kind.

Ich bin entschlossen, fest daran zu glauben,
dass du die Richtige gewesen wärst.
Du kannst mir diese Illusion nicht rauben,
da du sie nicht erfährst.

Du lehntest lächelnd am grünen Staket.
Es war im Taunus. Es war in Hessen.
Ich habe den Namen des Orts vergessen.
Die Liebe besteht.

Die Badekur

Es kann ja sein, dass die Kur was nützt. Möglich ist alles. Amerikaner, die bereits gestorben waren, gehn heute wieder ihren Geschäften nach, versichert die Ortschronik. So viel erwarte ich gar nicht. Mein Herz hat eine mitrale Konfiguration und präsystolische Geräusche; erweitert ist es auch. Bei der ersten Untersuchung war der Badearzt sich klar, dass ich einen Klappenfehler hätte. Je länger ich aber in der Kohlensäure liege und je öfter er meinen Brustkasten behorcht, umso unsicherer wird er. Bald wird er nicht mehr wissen, ob mir was fehlt, oder ob ich im Gegenteil was habe. Wozu hat er mich im Stehen, Sitzen und Liegen belagert? Wozu hat er mich in eine Dunkelkammer und auf einen elektrischen Stuhl gezerrt, und wozu hat er dort wie ein Alchimist hantiert? Jetzt hat der Mann zwar eine maßstabgerechte Landkarte von meinem Herzmuskel angefertigt und kennt sämtliche lateinischen Ortsbezeichnungen, die am Lager sind – aber was mir fehlt, weiß er weniger denn je. Gestern sagte er schon, und senkte dabei verschämt sein ergrautes Köpfchen: »Na, schaden können die Bäder auf keinen Fall.« Mache ich etwa deswegen die teure Kur, damit sie mir nicht schadet? Fast täglich liege ich in der Wanne, sehe zu, wie sich die Kohlensäureperlen, Strassbesatz ähnlich, an mir festsetzen, und zeichne, gelangweilt und mit dem Fingernagel, meinen eignen und fremde Vornamen in die Perlenschicht. Aber bin ich denn zwecks Erlernung des Monogrammzeichnens hierher gereist, statt nach Weggis oder nach Gilleleje?

So endet nun der Weltkrieg für mich: in der Badewanne! Am liebsten schickte ich dem Sergeanten Waurich eine Ansichtskarte. Er soll Kohlenhändler in Dresden sein. Doch wer weiß, wo ich wäre, wenn er mich damals nicht mit Hilfe von zweihundertfünfzig wohlgezielten Kniebeugen ins Reservelazarett gebracht hätte? Es gibt noch andre Behältnisse außer kohlensauren Badewannen.

Mit der Kohlensäure allein ist es nicht getan. Die Verhaltungsmaßregeln sind streng. Treppensteigen ist Gift. Der Fahrstuhl und das Bett sind, neben der Wanne, der einzige genehmigte Aufenthalt. Man altert zusehends. Wo man hintritt, tritt man auf weiße Bärte, und das steckt an. Nicht, dass man einen Vollbart bekäme, viel schlimmer! Die Empfindungsweise akklimatisiert sich. Der Seele fallen die Zähne aus, und sie wackelt mit dem Kopf. Eine Stadt voller Menschen, deren jeder darauf stolz ist, dass er zu hohen Blutdruck, zu schnellen Puls und eine undichte Aorta hat, ist kein Umgang. Neulich wurde zwar der Plan laut, für mich als einzigen Teilnehmer ein hübsches Kinderfest zu veranstalten. Doch das Projekt scheiterte. Der Arzt verbot mir von vornherein jedes Ballspielen und Herumspringen. Und so überlasse ich mich nun, so ergeben wie möglich, der Eingreisung.

Glücklicherweise gibt es hierorts ein Kabarett. Da kann man sich amüsieren, dass die Schwarte knackt. Sechsmal war ich bereits dort und beherrsche das Programm wie eine Souffleuse. Es ist auf Schwachsinnige abgestimmt und recht lustig. Die Chansonette liefert jeden Abend ein Lied, das sich »Die Hände« betitelt. Mir ist ein Teil der mittlern Strophe gegenwärtig. Das Fräulein legt dabei

Ida Kästner, Bad Nauheim, 1932. Foto: Erich Kästner

die gefalteten Hände schräg links gegen den Unterkiefer und singt, während ihr Tränen die Stimme entlangrollen:

»Doch was ist Ehre und Schicksalsgewalt?
Er tat das Gleiche wie sie.
Zwei Schüsse hatten im Wald geknallt.
Sie standen sich vis-à-vis.
Von Einigung sprach der Sekundant.
Da schoss er nach seines Freundes Hand.«

Besondern Erfolg hat regelmäßig jene Zeile, in der sich die zwei Schüsse vis-à-vis stehen. Das rührt. Mir wurde dabei so warm ums Herz, dass ich den Rock ablegte. Da kam der Oberkellner und brachte mir hiesige Lebensart bei.

Neulich fand ein Wettbewerb im Laiendichten statt. Die alten Herrschaften ließen die Köpfe hängen und fabrizierten Verse. Beispielsweise:

»Trinkt Wasser, sagen die Philosophen.
Wir trinken Sekt und lassen das Wasser loofen.«

Arteriosklerose ist Trumpf, doch man geht mit der Zeit. Auf einer Modenschau wurden »krawattenseidene« Kleider vorgeführt, das heißt, wenn das teure Kleid kaputt ist, lässt sich der Gatte zwei bis drei Selbstbinder davon machen. Die Ersparnis leuchtet ohne weiteres ein.

Gelegentlich setzen wir uns, der drohenden Gehirnerweichung

zu entfliehen, in einen Autobus der Reichspost und befahren die Gegend. Man kann im Taunus herumgondeln. Auf verbeulten Feldwegen, weil sämtliche Autostraßen gleichzeitig renoviert werden. Wir sahen in Darmstadt das Denkmal vom Erfinder des Fleischextrakts und in Heidelberg das Denkmal vom Entdecker des Bunsenbrenners; ferner die Schlossbeleuchtung, die sämtliche bunten Ansichtskarten der Welt aus dem Felde schlägt.

Der Arzt erfuhr davon und hat uns nun derartige Aufregungen ein für alle Mal verboten. Vom Kabarett weiß er noch nichts. Wenn er's erführe, nicht auszudenken! Die Versicherung, dass ich die Witze des Conférenciers seit Jahren nur noch ernst nehme, würde ihn kaum noch umstimmen. Ins Theater zu gehen, hat er erlaubt. Er geht selbst hin. Das Beste, was ich sah, war die »Südwestdeutsche Erstaufführung« eines französischen Lustspiels von zwei deutschen Autoren. Ich habe selten so wenig gelacht. Ein verarmter Fabrikant wollte in diesem Stück der Gattin den Konkurs verheimlichen und verdiente – zur Nachahmung empfohlen – als maskierter Masseur das kärgliche Brot, das er zur Aufrechterhaltung des voluminösen Hausstandes benötigte. Zum Schluss musste er die eigne Frau massieren und kriegte von ihr das Geld, das sie ihm nachmittags abgebettelt hatte. Die Erkennungsszene war erschütternd. Und die graumelierten Kurgäste wurden sinnlich. Normalerweise sind dreißig bis vierzig Zuschauer im Theater. Nur Zuckmayers »Katharina Knie« war besser besucht. Weil eine echte Zirkustruppe im Stück mitmachte. Der Schlangenmensch hatte acht Vorhänge. Einmal waren allerdings neunhundert Menschen im Theater! Das war, als die drei Fratellini auftraten.

Um nicht ganz untätig zu sein, habe ich eine Arbeit erfunden, die ich auf der Terrasse des Kurcafés statistisch vorbereite. Ich betrachte sämtliche vorübergehenden Damen jüngerer Herkunft und beobachte, ob sie, wenn man sie anschaut, die Zungenspitze zwischen die Lippen schieben, oder ob nicht. Nicht, dass sie es absichtlich täten! Das ist hier selten. Aber es handelt sich anscheinend um eine unwillkürliche Reaktion auf männliche Blicke. Wer die Zunge zeigt, kriegt einen Strich. Wenn ich genug Striche beisammenhabe, schreibe ich einen Aufsatz mit dem Titel: »Die weibliche Zungenspitze im Dienst der Erotik«.

Und so vergeht die Zeit. Nie hätte ich gedacht, dass man von Badekuren derartig krank wird.

Das Herz im Spiegel

Der Arzt notierte eine Zahl.
Er war ein gründlicher Mann.
Dann sprach er streng: »Ich durchleuchte Sie mal«,
und schleppte mich nebenan.

Hier wurde ich zwischen kaltem Metall
zum Foltern aufgestellt.
Der Raum war finster wie ein Stall
und außerhalb der Welt.

Dann knisterte das Röntgenlicht.
Der Leuchtschirm wurde hell.
Und der Doktor sah mit ernstem Gesicht
mir quer durchs Rippenfell.

Der Leuchtschirm war seine Staffelei.
Ich stand vor Ergriffenheit stramm.
Er zeichnete eifrig und sagte, das sei
mein Orthodiagramm.

Dann brachte er ganz feierlich
einen Spiegel und zeigte mir den
und sprach: »In dem Spiegel können Sie sich
Ihr Wurzelwerk ansehn.«

Ich sah, wobei er mir alles beschrieb,
meine Anatomie bei Gebrauch.
Ich sah mein Zwerchfell im Betrieb,
und die atmenden Rippen auch.

Und zwischen den Rippen schlug sonderbar
ein schattenhaftes Gewächs.
Das war mein Herz! Es glich aufs Haar
einem zuckenden Tintenklecks.

Ich muss gestehn, ich war verstört.
Ich stand zu Stein erstarrt.
Das war mein Herz, das dir gehört,
geliebte Hildegard?

Lass uns vergessen, was geschah,
und mich ins Kloster gehn.
Wer nie sein Herz im Spiegel sah,
der kann das nicht verstehn.

Kind, das Vernünftigste wird sein,
dass du mich rasch vergisst.
Weil so ein Herz wie meines kein
Geschenkartikel ist.

An einen Kurdirektor

6.5.70

Sehr geehrter Herr Dr.,

haben Sie vielen Dank für Ihre Zeilen vom 4.5.
Herr Landrat Milius hat Sie völlig richtig informiert: soweit ich mich aus eigener Erfahrung und in Reimen über Herzinsuffizienz geäußert habe, hängt das mit wiederholten Aufenthalten in Bad Nauheim zusammen. Meine Teilnahme am zweiten Teil des Ersten Weltkriegs als Fußartillerist hatte meinem Herzmuskel mitgespielt, so daß ich in den ersten zwanziger Jahren wiederholt in Nauheim Kur machen mußte. Sehr wichtig waren damals für mich drei Faktoren:

1. behandelte mich Professor Grödel, der ja für Nauheim und für die Patienten sehr wichtig war. 2. befolgte ich seine Kuranforderungen nicht, sondern lernte stattdessen auf den Plätzen hinter dem Kurhaus Tennis spielen. Und 3. verschönte ich mir die späten Abende durch nahezu regelmäßige Besuche der Hupfelbar. Diese etwas ungewöhnliche Kurkombination bewirkte endlich, daß ich meine lädierte Gesundheit wieder in Ordnung brachte.

Ich kann eine solche Dreiteilung jungen Herzpatienten nur empfehlen.

Mit den besten Grüßen
Ihr [Erich Kästner]

Pfingsten am Meer

Pfingstsonntag. Warnemünde. Es ist kühl. In den Glasveranden vor den kleinen geduckten Fischerkaten stehen die Staatsmöbel. Unter staubigen Überzügen versteckt. Sie warten der Gäste. Dann werden sie enthüllt und geklopft. Damit die kleinen frechen Berliner Gymnasiasten auf dem Plüschsofa Kobolz schlagen können … Jetzt ist noch alles tot und grau. Und der Kiosk für Ansichtskarten, Bernsteinandenken und Himbeerlimonaden starrt resigniert in das Nirwana. Die Fischerboote liegen aneinandergepresst auf der Warnow. Die Segel hängen gerefft an den Masten wie zugeklappte Regenschirme. Ein Geruch von Teer und Fisch macht die Luft herb. Die öde Straße steigt etwas an, krümmt sich –

Das Meer! Eine unendliche Steppe, deren Grau und Grün ewig von einem Erdbeben erschüttert wird. Dann brechen die Schollen auf und überkippen sich in weißgischtenden Stürzen. Traurige Monotonie des Wellenganges. Von allen Seiten dringt es auf dich ein. Grau und Grün und weiße Kämme. So weit du blickst. – Es wälzt sich immer näher. Es erreicht dich nie. Du stehst gebannt, als zwänge dich eine grauenhafte Gewalt, die mit dir spielt … Die Mole deutet wie ein gespenstischer Finger hinaus in die unerbittliche Gärung. Und erst am letzten Quader stehst du still. Weit draußen. Die Wogen taumeln gegen den steinernen Wall. Und sinken mit zerschlagenen Stirnen zurück. Und taumeln dir wieder entgegen. Dir ist, als schlüge dein Herz in ihrem aufpeitschenden Takt. Und du

Kästner am Meer, 1926

hast Angst vor dir, du könntest in ihren zermürbenden Rhythmus hinabspringen, um seiner Qual zu entfliehen.

Den Horizont entlang torkelt ein Segelschiff, von Wolken gehetzt, die schwarz und schweigend hinter ihm her rennen, von unheimlichen Mänteln umflattert, deren Enden das Meer pflügen. See und Himmel in grauer tanzender Raserei! Die Wolken rennen. Die Wogen stürzen ineinander.

Du wendest dich zurück. Der Strand ist trostlos und leer. Ein vergessener Strandkorb liegt rücklings im feuchten Sand und Tang. Um den Leuchtturm kreisen kreischende Möwen. Ihre weißen Leiber glänzen geisterhaft in den grauen Tag. Die Häuser blicken blind und unbewohnt auf die verlassene Kurpromenade hinab … Und das Meer rauscht. Wie ferner Donner … Und die Wolken kämpfen miteinander. Wie Giganten im Nebel … Der Segler ist verschwunden …

Vom Eisenbahnfenster sah ich das Meer noch einmal. Ein Badehaus. Struppige Dünen. – Da leuchtete irgendwo die Sonne auf. Wie ein Walpurgisfeuer rot und wild. Die Wolken, die den Horizont entlangritten, hatten purpurne Mantelsäume und hielten glühende Brände in den Fäusten. Das Meer zischte auf in Rot und Gold, in Violett und kristallenem Grün. Wie ein Schmelztiegel mit kochendem, zähem Guss! Wie der unermessliche Krater des Weltuntergangs! …

Und dann ist das Meer versunken. Und die Landschaft ist plötzlich blass wie ein Pastell. Und die Luft ist sanft und graublau und leidenschaftslos geworden. Auf stumpfgrünen Wiesen kauen schmutziggraue Schafherden. Ein kleiner lustiger Hund hüpft umher. Von den Straßen winken Kinder in steifen Sonntagskleidern. Dörfer mit Schindeldächern kreiseln an uns vorüber. Eine Schar Graugänse hält erstaunt im Wackeln inne. Dann gleiten Ruderboote stumm und schmal die Warnow hinunter. Die Türme Rostocks tauchen auf. Hinter blaugrünen Kiefern und dürrer Heide. Geduckt vor den treibenden Wolken, die durch den Himmel tanzen wie losgerissene ferne Inseln …

Nächtliches Rezept für Städter

Man nehme irgendeinen Autobus.
Es kann nicht schaden, einmal umzusteigen.
Wohin, ist gleich. Das wird sich dann schon zeigen.
Doch man beachte, dass es Nacht sein muss.

In einer Gegend, die man niemals sah
(das ist entscheidend für dergleichen Fälle),
verlasse man den Autobus und stelle
sich in die Finsternis. Und warte da.

Man nehme allem, was zu sehn ist, Maß.
Den Toren, Giebeln, Bäumen und Balkonen,
den Häusern und den Menschen, die drin wohnen.
Und glaube nicht, man täte es zum Spaß.

Dann gehe man durch Straßen. Kreuz und quer.
Und folge keinem vorgefassten Ziele.
Es gibt so viele Straßen, ach so viele!
Und hinter jeder Biegung sind es mehr.

Man nehme sich bei dem Spaziergang Zeit.
Er dient gewissermaßen höhern Zwecken.
Er soll das, was vergessen wurde, wecken.
Nach zirka einer Stunde ist's so weit.

Dann wird es sein, als liefe man ein Jahr
durch diese Straßen, die kein Ende nehmen.
Und man beginnt, sich seiner selbst zu schämen
und seines Herzens, das verfettet war.

Nun weiß man wieder, was man wissen muss,
statt dass man in Zufriedenheit erblindet:
dass man sich in der Minderheit befindet!
Dann nehme man den letzten Autobus,
bevor er in der Dunkelheit verschwindet …

Hotelsolo für eine Männerstimme

Das ist mein Zimmer und ist doch nicht meines.
Zwei Betten stehen Hand in Hand darin.
Zwei Betten sind es. Doch ich brauch nur eines.
Weil ich schon wieder mal alleine bin.

Der Koffer gähnt. Auch mir ist müd zumute.
Du fuhrst zu einem ziemlich andren Mann.
Ich kenn ihn gut. Ich wünsch dir alles Gute.
Und wünsche fast, du kämest niemals an.

Ich hätte dich nicht gehen lassen sollen!
(Nicht meinetwegen. Ich bin gern allein.)
Und doch: Wenn Frauen Fehler machen wollen,
dann soll man ihnen nicht im Wege sein.

Die Welt ist groß. Du wirst dich drin verlaufen.
Wenn du dich nur nicht allzu weit verirrst …
Ich aber werd mich heute nacht besaufen
und bisschen beten, dass du glücklich wirst.

Leute auf Reisen

In Montreux hatte ich ein kleines, recht komisches Erlebnis. In Montreux-Plage, dem Strandbad hinterm Château Chillon, herrscht ungezwungenes Badetreiben mit Sprungtürmen, Jazzband, Caféterrassen, Sportwiesen, Tanz und vielen anderen Zeitvertreiben. Sogar geschwommen wird hier, im Genfer See! Man sollte es nicht glauben.

Amerikaner, Holländer, Engländer, Franzosen, Italiener und andere Völkerschaften schwimmen und tanzen in bunter Reihe. Man unterhält sich – wenn überhaupt – gemischtsprachig, wie's gerade trifft. Der Amerikaner redet englisch; der Franzose versteht ungefähr, was gemeint ist, antwortet französisch, und der Amerikaner versteht die Antwort gleichfalls. Nur der Deutsche redet, um jeden Preis, nicht deutsch, sondern französisch, und meist miserabel.

Dabei kam es, dass ein deutscher Herr – man sah ihm die deutsche Herkunft sofort an – eine junge Dame, deren Bekanntschaft er suchte, auf französisch ins Gespräch zog. Und sie, die nur aus Berlin sein konnte, antwortete ebenso. Nun begann also ein französisch gestoppeltes Frage-und-Antwort-Spiel, das dem Anfangskursus der Berlitz-School aus dem Gesicht geschnitten war. Das arme Pärchen quatschte unbeholfen gegeneinander los; und weder er noch sie schien zu merken, dass man eine andere Sprache als gemeinsame Muttersprache besaß. Sie hielten einander für waschechte Pariser und radebrechten zum Gotterbarmen. Bis –

Bis ich hinging und sagte: »Liebe Leute, warum redet ihr eigentlich nicht deutsch?« Da wurde ihnen erst – wenn auch sehr plötzlich – ihr echt deutsches Missverständnis klar. Sie lachten mit Vorbehalt, wurden rot und entschritten.

Bedankt haben sie sich nicht.

In Interlaken fuhr ein Zug ein. Und noch ehe er zum Stehen gekommen war, turnten ein paar biedere Reichsdeutsche, unter unnötig beschworener Lebensgefahr, auf den Trittbrettern. Der Zugführer konnte das nicht ruhig ansehen und wurde – was Schweizer in solchen Fällen leicht werden – ziemlich grob. Er schimpfte, in bestem Schwyzerdütsch, auf die kindisch Kletternden los, dass denen für einen Augenblick sämtlicher Atem fortblieb. Dann aber warfen sie sich in die Hemdbrust und verurteilten das Benehmen des Schweizer Beamten mit unschönen Reden auf das entschiedenste. Sie berauschten sich an ihren Stimmen, wurden zusehends beleidigend und fanden vonseiten ihrer Ehefrauen bewundernde Anerkennung.

Kurz, es gab den schönsten Krach. Es lohnt sich kaum, näher darauf einzugehen. Nur das Schlusswort des Zugführers muss, ins Hochdeutsche übersetzt, wörtlich zitiert werden. Der Schweizer starrte die Deutschen ärgerlich an und sagte schließlich: »Solange ihr daheim in Deutschland seid, seid ihr still und fromm wie die Mucker. Sobald ihr aber ins Ausland kommt, habt ihr die große Fresse!«

Er drückte sich wirklich so unfein aus. Er fand nichts Geeigneteres, seine persönliche Ansicht zu bekunden. Man soll die Meinung eines aufrechten Mannes ehren.

Was hiermit geschehen ist.

Die Schweiz ist nicht nur ein sehr schönes, sondern – was wichtiger ist – auch ein sehr moralisches Land. Vergnügungslokale, die länger als bis Mitternacht geöffnet wären, sind selten. Die in Trauerkleidung gehüllten Kellnerinnen ziehen um 24 Uhr die Decken von den Tischen, obwohl man gern noch ein Stündchen sitzen bliebe. Sie ziehen einem die Stühle unterm Hosenboden fort, um sie, die Stühle, in Pyramiden übereinanderzubauen. Man wird einfach ins Bett gejagt. Guet Nacht!

Nur in den Luxushotels und in den eingeborenen Weinstuben sitzen die Menschen noch ein Stündchen zusammen, mit dem kitzligen Bewusstsein, die eidgenössische Moral zu verletzen.

Sogar zum Schweizer Sängertreffen in Lausanne und zum Strandfest in Luzern war das nicht anders. Wer die Schweizer Literatur kennt, wird sich gar nicht erst lange wundern. Die Romane sind vor lauter Moral unleserlich. Sie sind, fast ausnahmslos, nur für Menschen geschrieben, die zeitig zu Bett gehen. Im ganzen Lande wird vor Gesundheit nur so gestrotzt. – In Neuenburg ist das einzige Familienbad, das versucht worden war, bankrott gegangen. Man badet jetzt, wie vor der sinnlichen Neuerung, sehr getrennt voneinander. Man will es nicht anders.

Trotzdem ist die ansässige Jugend, dank des Fremdenverkehrs, vor den Gefahren der Welt nie sicher. An einem der letzten Abende hörte ich zwei Schweizer Jünglinge, die nicht mehr nüchtern waren – Schlager singen! Mitten auf der Straße dazu! So etwas schlägt dem Schweizer Volkscharakter, von Rechts wegen, direkt ins Gesichterl.

Die beiden Schandflecke der Nation sangen, unter anderem, die bekannte Sache von dem Meyer auf dem Himalaya. Da man nun aber in Luzern andere Berge als ausgerechnet vorderindische näher hat, grölten sie:

»Was macht der Sigi
denn auf dem Rigi?«

Es klang freilich nicht mehr wie ein Schlager, und von Synkopen war auch nichts zu hören. Es war eher, als sängen zwei wütende Holzhacker die Lorelei. Immerhin, die guten rauen Sitten der Kantone sind ernstlich gefährdet.

Im Restaurant eines Dampfers, der uns von Spiez nach Thun brachte, saßen neben uns zwei ältere Damen aus Deutschland und tranken Kaffee. Diese angenehme Beschäftigung machte sie wohl gesprächig, und bald konnten alle Insassen hören, dass die eine der beiden Damen 1912 zum letzten Mal in der Schweiz gewesen wäre. Sie erinnerte sich der damaligen Reise mit größter Genauigkeit. Es war eine Lust zuzuhören.

Als es ans Bezahlen ging, sagte die Dame von 1912: »Hier hab ich noch Schweizer Geld von damals. Es sind drei Franken und vierzig Centimes. Ich hob sie mir seinerzeit auf, und nun kann ich davon ein paarmal Kaffee trinken. Das ist doch fein, was?«

Die Reisegefährtin mochte das Benehmen der andern etwas kindisch finden und meinte nachdenklich: »Wir hatten uns damals auch Geld aufgehoben. Es waren siebzigtausend Mark, meine Liebe. Und zehn Jahre später konnten wir davon auch ein paarmal Kaffee trinken. Genau wie Sie heute mit Ihren drei Franken vierzig.«

Draußen sah man grüne Höhen und, ganz in der Ferne, sogar Schneekuppen. Doch den Deutschen, die das sahen, war es plötzlich, als reisten sie durch einen schönen, leicht zerstörten Traum.

Wer den Vierwaldstätter See bei Sonnenschein zu sehen das Vergnügen hat, hält die Behauptung, hier gäbe es gefährliche Stürme, für eine kühne Erfindung von Wilhelm. »Mach hurtig, Jenni! Zieh die Naue ein!« und verwandte Sentenzen klingen scheinbar übertrieben.

Aber es gibt hier tatsächlich Stürme, denen kein Wasserglas der Welt gewachsen wäre. Wir saßen, nach einem schwülen Tage, in Weggis am Strand und warteten auf den Dampfer. Mit einem Male wurde der Himmel grau, dann blauschwarz. Vor den Bergen fielen Vorhänge herunter, immer mehr, bis nichts weiter zu sehen war als Nebelwände ringsum.

Und plötzlich geriet das Wasser in Bewegung. Aus der Ferne kamen kleine weiße Schaumkämme, ruckten näher, wurden größer; Wellen buckelten den Seespiegel wie Weißblech, und schwupp! sprang die erste Welle über die steinerne Wehr. Blitze zuckten vielfingrig. Der Donner brummte. Hagel sprang übers Wasser und ritzte es tausendmal silberweiß.

Die Wellen wurden immer höher. Die Brandung sprang drei, vier Meter hoch und zauste die Bäume, die in den Ufergärten standen. Der Hagel trommelte. Die Wogen sprangen. Die Blitze kämmten knisternd die Wolken. Nebelhaft zog ein hellerleuchteter Dampfer, der nirgends anlegen konnte, durch den See. Es war ein Weltuntergang im Kleinen …

Friedrich von Schiller hat wieder einmal recht gehabt.

Ballade vom Defraudanten

Es folgt das Lied von einem Defraudanten.
Er war ein guter Mensch. Denn das kommt vor.
Ich hörte es von Leuten, die ihn kannten.
Sperrt eure Ohren auf! Er hieß Franz Moor.

Es hat bekanntlich alles seine Grenzen.
Franz Moor war mittelblond und ohne Arg,
dazu Kassierer, zog die Konsequenzen
und flüchtete mit 100 000 Mark.

Bis Brüssel blieb er im Klosett des Zugs.
Dann war er des Französischen nicht mächtig.
Sie war von schlechtem Ruf und gutem Wuchs.
Und liebten sich. Er fand sie nur zu schmächtig.

Das gibt sich alles. – Dann war sie verblüht.
Mit ihr das Geld, das ihm gar nicht gehörte.
Er weinte fast. Denn er war ein Gemüt.
Das war etwas, was ihn direkt empörte.

Als ihm ein Steckbrief in die Augen stach,
mit seinem Bild – von damals als Gefreiter –,
da blieb er stehn und dachte lange nach.
Dann kam ein Polizist. Und Moor ging weiter.

Er sprang ins Wasser, das bei Brüssel floss .
Jedoch vergeblich. Denn er ging nicht unter.
Er trank Lysol, das er in Kognak goss.
Er sprang von einem Aussichtsturm herunter.

Er trieb sich öfters Messer in die Schläfen.
Sechs Kugeln schoss er in den offnen Mund.
Und war verwirrt, dass sie ihn gar nicht träfen!
So tat er manches. Doch er blieb gesund.

Ihm war das peinlich. Und er rang die Hände.
Und er erkannte klar: Er stürbe nicht,
nur weil er das Französisch nicht verstände.
Anschließend stellte er sich dem Gericht.

Moral:
Da sitzt er nun und deutet damit an,
dass Bildungsmangel grässlich schaden kann.
Es ist der Tiefsinn dieses Sinngedichts:
Lernt fremde Sprachen!
Weiter will es nichts.

Anmerkung: Lernt fremde Sprachen!
Esst deutsches Obst!

Sächsische Edelvaluta

Ein Herr aus Chemnitz wollte übern Sonntag nach Berlin fahren, steckte drei Fünfzigmarkscheine in die Tasche, kam Sonnabendabend am Anhalter Bahnhof an und ging in ein Kabarett. Über das Programm soll kein unnützes Wort – also kein einziges – verloren werden. Um Mitternacht beschloss der Chemnitzer Herr zu zahlen, ließ sich die Rechnung reichen und legte, nicht ganz frei von Würde, einen seiner drei Fünfzigmarkscheine aufs Taburett. Und hiermit beginnt die Tragödie: Der Kellner *nahm das Geld nicht!* – Wieso er es nicht nehme? – Es sei *sächsisches* Geld.

Es war in der Tat sächsisches Geld; es waren drei von der Sächsischen Staatsbank ausgegebene Fünfzigmarkscheine. Auch der Geschäftsführer erlaubte dem Gast, dass er sein Geld behalte. Seine goldene Uhr und seinen Pass durfte er allerdings nicht behalten. Mit »richtigem« Gelde könne er, fügte man liebenswürdig hinzu, jederzeit beides wieder einlösen.

Der Herr aus Chemnitz suchte ein Hotel auf und weinte sich in Schlaf. Am Sonntagmittag aß er im Restaurant des Hotels und bat den Ober, er möge den fälligen Betrag auf die Gesamtrechnung setzen lassen. – Am Nachmittage besuchte er eine Diele und bezahlte den Kaffee, nachdem auch hier das sächsische Geld zurückgewiesen worden war, mit seinem Platinringe. Er lief ins Hotel und verlangte die Rechnung. Er wurde mit seinen Fünfzigmarkscheinen bis ins Büro des Direktors geschickt, der ihn um Hinterlegung einiger

Pretiosen bat. Der Herr aus Chemnitz erklärte, in Sachwerten sei er nicht mehr zahlungsfähig. Dann zerschmiss er, der sächsischen Gemütlichkeit zum Trotz, eine Vase und wurde gebeten, bis Montag früh in Berlin zu bleiben, um sein Geld auf der Bank einzuwechseln und dann die Vase wie auch die übrige Rechnung zu begleichen.

Der Herr aus Chemnitz wagte nirgendwo zu essen oder zu trinken, obwohl ihn nach beidem ungemein verlangte; lief stattdessen etliche Male ums Viereck, entdeckte das Gebäude einer Privatbank und ging zu Bett. Er träumte von sächsischen Millionären, die in Berlin verhungern, und erwachte am Montagmorgen nicht eigentlich erfrischt. Bedrückt bedachte er, dass er um diese Stunde im Chemnitzer Büro bereits vermisst werde, und ging zur Bank hinüber, legte seine drei Fünfzigmarkscheine hin und durfte sie auch hier wieder mitnehmen. Nur auf der Reichsbank, sagte der Schalterbeamte, könne er sächsisches Geld eintauschen. Der Beamte hatte wenig Zeit, denn schon warteten ungeduldige Ausländer, dass man ihnen Franken, Drachmen, Leis und andere Sorten wechsle. Der Herr aus Chemnitz bedauerte, nicht wenigstens aus China zu sein, und begann – ungefrühstückt, wie er war – die Reichsbank zu suchen.

Der Herr aus Chemnitz traf gegen Mittag auf der Reichsbank ein und schob seine drei Scheine schüchtern einem der Beamten entgegen. – Was er einzahlen wolle, hieß es; sächsisches Geld nehme man nur zur Verrechnung an. Wo er es herhabe; was er damit bezwecke; wo er zu Hause sei? Er gab Auskunft und erklärte darüber hinaus und unbefragt: dass er ledig sei, nur selten rauche und von Politik wenig halte. Schließlich bekam er, wenn auch ungnädig, reichsdeutsches Geld ausbezahlt. Nun nahm er ein Auto, löste Uhr, Ring und Pass ein, beglich die Hotelrechnung und wartete vier Stunden auf dem Bahnhof, bis zum Abgange des nächsten Zuges.

Als er sich am Dienstagmorgen, blass und müde, beim Abteilungsvorstand meldete, wäre er, um Haaresbreite, gekündigt worden, weil seine *blöden Entschuldigungslügen,* wie man seinen Tatsachenbericht nannte, Entrüstung hervorriefen. Es renkte sich dann aber doch alles wieder ein.

Jawohl, diese Geschichte ist passiert. Und täglich passieren ähnliche Affären dutzendweise. Sächsisches Geld ist kein deutsches Zahlungsmittel! Hier soll nun nicht etwa den Geldnoten der deutschen Kleinstaaten das Wort geredet werden. Wer das folgerte, missverstände die Absicht der Anekdote vollkommen. Eher schon möchte ich darum bitten, sächsische und andere Edelvaluten abzuschaffen. Und wenn dies unmöglich sein sollte, dann wenigstens die damit verbundenen Lächerlichkeiten zu beseitigen.

Vielleicht ließen sich an der sächsisch-preußischen »Grenze« Zollstationen und Wechselstuben anbringen? Mit Beamten, die vorher – in Leipzig und in Berlin – die entsprechenden Sprachprüfungen abgelegt haben müssten?

Jardin du Luxembourg

Dieser Park liegt dicht beim Paradies.
Und die Blumen blühn, als wüssten sie's.
Kleine Knaben treiben große Reifen.
Kleine Mädchen tragen große Schleifen.
Was sie rufen, lässt sich schwer begreifen.
Denn die Stadt ist fremd. Und heißt Paris.

Alle Leute, auch die ernsten Herrn,
spüren hier: Die Erde ist ein Stern!
Und die Kinder haben hübsche Namen
und sind fast so schön wie auf Reklamen.
Selbst die Steinfiguren, meistens Damen,
lächelten (wenn sie nur dürften) gern.

Lärm und Jubel weht an uns vorbei
wie Musik. Und ist doch bloß Geschrei.
Bälle hüpfen fort, weil sie erschrecken.
Ein fideles Hündchen lässt sich necken.
Kleine Neger müssen sich verstecken,
und die andern sind die Polizei.

Mütter lesen. Oder träumen sie?
Und sie fahren hoch, wenn jemand schrie.
Schlanke Fräuleins kommen auf den Wegen
und sind jung und blicken sehr verlegen
und benommen auf den Kindersegen.
Und dann fürchten sie sich irgendwie.

Anmerkung: Wenn ich ein junges Mädchen wäre –
es ist zur Freude der jungen Mädchen nicht der Fall –,
also, ich fürchtete mich wahrscheinlich auch.

Eine Stadt wird erobert

Paris bietet Fremden tausend unterhaltsame Dinge und hat es, durch lange Übung, zu einer großen Fertigkeit darin gebracht, eigenes mit anderem zu mischen, bis es den Fremden besonders gut gefällt. Es gibt, sozusagen, ein Export-Paris, und dieses führen viele Fremde im Kopf mit sich über die Grenze. Und zu Hause erzählen sie dann, was sie gesehen haben. Vieles ist darunter, aber Paris ist nicht dabei.

Auf den Rummelstraßen, die von der Place Pigalle ausgehen, auf dem Montmartre also, wimmelt es von »frisierten« Lokalen. Weil der Fremde Spelunken sehen will, macht man sie ihm zurecht. Man zieht das Kellerlokal noch lumpiger an, als man es normalerweise täte, und säubert es noch seltener, als es sonst der Brauch ist. Man kleidet sich noch abenteuerlicher, und man blinzelt gefährlicher als üblich, damit der Gast für sein Geld auch die richtige Gänsehaut kriegt.

Oder man singt oben, gleich neben *Sacre Cœur,* noch lauter und bettelt noch frecher, als man möchte! Und dann sitzen die Fremden strahlenden Auges da und lassen sich von einem schlapphütigen Chansonnier ein Lied vortragen, von dem er – er verkauft es auch gedruckt und mit eigenhändiger Widmung – seit Jahren lebt, oder genauer: trinkt. Und im Wirtsgarten spielt einer auf einer goldenen Konzertharfe den »Lenz« von Hildach. Und der Weinkonsum rentiert den Betrieb.

Wer aber mehr und Wirklicheres von der Stadt haben will, der setzt sich auf die Stufen von Sacre Cœur neben Liebespärchen, die sich freundlich umfasst halten, und blickt mit ihnen hinunter auf Paris. Es wird wenige Dinge geben wie dieses Panorama zur Nacht.

Man sieht die Stadt bis zu ihren Grenzen ab, und alles, was man erblickt, sind dunkle Straßenzüge, Parks und Lichter. Rote Lichter, hellgelbe laufende Lichtreklamen, das Laternengezwinker der Bahnhöfe, ein glühend bestrahltes Haus, eine in die Tiefe strebende illuminierte Straße, rechts den fortwährend wechselnden Glühbirnentanz des Eiffelturms, nach Süden zu zeichnen die großen Boulevards bunte Muster ins Dunkel; und über dem Ganzen schwebt schimmernde, vom Widerschein und Staub fluktuierende Luft – das Bild ist unbeschreibbar und bleibt unvergesslich.

Und in diesen Straßen, die schon tags so malerisch sind, wie Utrillo sie malt, liegt nicht nur *Moulin Rouge,* wo Revue und Nepp beheimatet sind, sondern, halb auf dem Berge, *Moulin de la Galette.* Das ist ein richtiger Tanzboden, wie wir ihn auch haben. Am Eingang sitzt eine dicke Dame und knöpft Dienstmädchen, Soldaten, Verkäuferinnen und Kommis fünf Franken (1 Mark) ab, und drinnen wird »geschwoft«, haargenau wie bei uns. Genauso talentiert und ungeschickt, genauso verlegen und genauso frech, genauso begeistert und billig. Und wenn es nicht gerade Sonnabend ist, schauen die kleinen Mädchen gegen Mitternacht unermüdlich an die Uhr. Und dann sausen sie fort, zum Metro, zum Autobus, zur Tram; denn am nächsten Morgen müssen sie früh ins Geschäft.

Man muss sich immer wieder wundern, dass die kleinen Ladenmädchen in der ganzen Welt – und bei anderen Berufen meine ich's auch so – nicht empfinden, dass sie, gleichgültig, welche Sprache sie reden, enger zusammengehören als die Aufsichtsräte ihres Landes. Kann man den Dienstmädchen oder den Buchhaltern von Frankreich, Deutschland, England oder Italien eine Provinz rauben oder erkämpfen? Haben sie etwas davon? Hat die Provinz etwas davon? Wie kommen sie eigentlich dazu, die Politik der geschwollenen Worte mitzumachen?

Paris hat seinen *Lunapark* wie andere Großstädte der Erde. Mit internationalen Vergnügungseinrichtungen und internationalem Publikum. Aber es ist um vieles lustiger, den Rummelplatz zu besuchen, der zwischen dem Pont Alexandre III. und dem Hôtel des Invalides aufgebaut wurde. Also wenige Schritte entfernt von den Champs Elysées, dieser prunkvollen Straße, mitten in der Stadt, neben einem Denkmal, das dem Marschall Gallieni errichtet wurde. Hier ist's richtig! Und wenn am Taifunrad eine Solonummer für die Damen ausgerufen wird – sie stürzen wie kleine Wilde auf die Drehscheibe, und die Soldaten pflanzen sich dicht dabei auf und melden mit Geschrei, welche Farbe die einzelnen Unterhöschen haben –, dann entsteht eine harmlose, ungezwungene Heiterkeit, um die man dieses Volk beneiden darf.

Besondere Pflege findet auf diesen Plätzen das Schießbudenwesen; und die Erfindungsgabe hat sich hier besonders ausgelebt. Neben manchen Schießscheiben sind Gazeschirme mit Blitzlicht und Fotografenapparaten aufgestellt. Und wer ins Schwarze trifft, wird auf der Stelle fotografiert, gerade wie er das Gewehr erfolgreich an der Backe hält; nach einer Viertelstunde kann er sich das

In Paris, 1929

fertige Bild abholen. Eine andere Bude ist mit einem ausführlichen Schlachtenpanorama ausstaffiert – und der stolze Franzose tritt hinzu, um dem deutschen General eins auf den Pelz zu brennen. Aber jedes Mal, wenn er trifft, in welche blutigen Szenerien immer, stets rollt der Schlachtenausschnitt herunter, und dahinter wird, zur Abkühlung des patriotischen Kampfeifers, irgendeine drollige Schweinigelei sichtbar. Die Leute applaudieren dem Schützen und amüsieren sich über den geneckten Patrioten.

Sonntags ist – in der Nähe am Rond-Point – ein Kasperletheater aufgestellt, das »Théâtre du vrai Guignolet«. Die Kinder aller Vorübergehenden drängen hin, setzen sich und verfolgen die Erfolge des Kasperle mit Jauchzen und Geschrei. Es sind die alten schönen Gruseldramen, genau, wie wir sie kennen; jene Siege des gewitzten Volksgenossen über die Vertreter sämtlicher irdischen und himmlischen Behörden, vom Polizisten angefangen bis zu Tod und Teufeln.

Der besondere Zauber, der von Paris ausgeht, beruht nicht zuletzt auf der Bauweise seiner Häuser. Dort, wo das Dach beginnt, fängt die Romantik an. Noch im Dach liegen mehrere Stockwerke, stufenweise nach hinten gerückt, so dass die Dachpartien äußerst lebendig wirken. Dazu kommt, dass die Schornsteine fast stets meterweise in die Luft ragen, verziert, verschieden hoch; und es gewährt uns einen besonderen, bis dahin fremden Genuss, Straßenrouten entlangzusehen. Sie erhalten so etwas Malerisches und Anmutiges, das von den uns vertrauten Straßenbildern sehr vorteilhaft absticht.

Und noch etwas anderes darf nicht unerwähnt bleiben: Die Bäume sind schöner in Paris als bei uns! Es scheint fast, als ob es den Bäumen, die man straßenlang pflanzt, besser bekommt, wenn man sie nicht mit Rekruten verwechselt und ein bisschen ungezwungen ansiedelt. Nicht mit dem Metermaß, auf gleichen Abstand fanatisch bedacht, und nicht mit dem Sortiertrieb: eine Straße nichts als Linden, eine Straße nichts als Kastanien. Die Pariser Alleen sind den unseren um Wipfellängen voraus. Dazu kommt freilich noch ein Umstand, an dem die Stadt unschuldig ist: Das Pariser Klima behagt vor allem den Laubbäumen ungewöhnlich mehr als das bei uns zulande, und so legen sie ungleich mehr Freude hinsichtlich des Wachstums und der Farben an den Tag. Mein Kompagnon von der zeichnerischen Fakultät fand sich aus der nur allzu verständlichen Begeisterung kaum wieder heraus. Und wiederholt sagte er zu mir: »Hier versteht man die Malerei der Franzosen und ihre Überlegenheit erst ganz.« Und so ist es auch: Die malerische Vollkommenheit der französischen Meister beruht zum Teil auf der malerischen Vollkommenheit ihrer Umgebung.

Und noch auf einem Gebiete zeigte uns Paris Schöneres, als wir es gewohnt waren: auf den Friedhöfen. Der *Père Lachaise* z. B., diese alte, berühmte Ruhestätte, übt nicht nur deshalb seinen Zauber auf den Besucher aus, weil hier so viele Unsterbliche begraben liegen, wie Balzac, Wilde, Molière, Lafontaine, Delacroix, Corot, Chopin, Börne, Bizet, Moreau, Ney, Musset, Sarah Bernhardt und viele noch. Im Gegenteil, oft sind ihre Grabmäler bei weitem nicht die schönsten und stimmungsvollsten. Dem armen Oscar Wilde beispielsweise hat eine englische Lady, die seine Schriften verehrte, einen Stein setzen lassen, der Englands elegantestem Stilisten zeit seines Todes schwer auf der Seele lasten wird. Der besondere Stimmungswert des Friedhofes liegt darin, dass auf seinen Gräbern statt der bei uns üblichen Gruftanlagen schmale, mit Türen und Fenstern versehene Häuschen stehen, die sich in den verschiedensten Weisen, ernst und doch wohnlich, innen mit Bildern, Geschenken und Blumen geschmückt, in bunter Reihe nebeneinander erheben. Man geht wie durch eine Märchenstadt, voller unbewohnter Kammern. Und wer an das Fortleben der Seelen glaubt, kann sich gut vorstellen, dass nachts die Abgeschiedenen in ihre kleinen Totenhäuser kommen und sich über die duftenden Blumen neigen, die man ihnen brachte.

Sosehr also die Stadt Paris – von ihren Kinderplätzen angefangen bis zu ihren Friedhöfen – dem Deutschen, der künstlerisch nicht unempfindlich ist, gefallen muss, so sicher wird ihm vieles fremd bleiben. Und so leicht er zu dem Urteil kommen wird, Paris sei schöner als die deutschen Großstädte, so bestimmt wird er, wenn auch vielleicht nicht sofort, bekennen: die deutschen Großstädte gefielen ihm trotzdem besser.

Denn man lebt nicht nur mit den Augen. Und je schwerer es zuweilen ist, etwas verständlich zu machen, umso selbstverständlicher ist es.

Zwischen hier und dort

Die Sonne scheint. Sie streichelt den Balkon. Pola Negri, die samtschwarze Katze aus dem Lande Halbangora, nistet in einem der Blumenkästen zwischen den Stiefmütterchen und tut, als sei sie selber eines, wenn auch, im Gegensatz zu den übrigen, beweglicher und auf Blumenkästen nicht unbedingt angewiesen. Oskar de Mendel, Polas Sohn und vom Vater her persisch blauen Geblüts, pflückt gerad wieder ein Büschel knospiger Nelkenstengel und trabt damit, als trüge er einen viel zu großen grüngefärbten Schnurrbart, stolz ins Arbeitszimmer. Sangesfroh wie er ist, stößt er unterwegs helle, spitze Triumphschreie aus. Es klingt nach Kindertrompete. Die Mama schaut elegisch hinter ihm drein. So blicken die Mütter und Bonnen im Jardin du Luxembourg, wenn die Kinder davonrennen. (…) Der Jardin du Luxembourg … (…)

In ein paar Tagen werde ich wieder einmal auf jenen Bänken sitzen. Wie jetzt auf meinem Balkon. Hier ist es schön. Dort wird's schön sein. Wenn nur die Zwischenzeit schon vorüber wäre! Ach, diese miserable Zwischenzeit! Der Pass. Das Visum. Die Devisen. Die Fahrkarten. Die Liste fürs Kofferpacken. Die Hotelbestellungen. Die Karte ans Postamt: »Da ich demnächst verreise, bitte ich Sie, Wert- und Einschreibsendungen bis zum …« Die Miete im Voraus. Die Orders für die Sekretärin. Für die Haushälterin. Die Abfahrt und die Pünktlichkeit. (Zu früh am Zug zu sein ist nicht weniger unpünktlich als zu spät zu kommen.) Natürlich kein Speisewagen.

Dafür die Passkontrolle. Die Devisenkontrolle. Die Zollkontrolle. Hierzulande und dortzulande.

Unvergessliches Lindau! Als ein quarkblasser Grenzer ins Abteil trat, die Tür verschloss, die Vorhänge zog und an mir, dem einzigen Coupébewohner, zum Sherlock Holmes wurde! Als er in die Aschenbecher kroch, die Polster hochhob, sich auf den Fußboden legte, in meinen Rock- und Hosentaschen kramte und mich nötigte, die Schuhe auszuziehen! Als er, ein gelehriger Schüler Agatha Christies, zwischen meinen Zehen nach Opium, Curare, chiffrierten Notizen und Diamanten grub! Als er, während ich meine kitzligen Zehen wieder in die Schuhe tat, eine harmlose Zwanzigerpackung Laurens aufschnitt und darin nach Mikrofilmen mit Atomformeln suchte! »Um Ihren Beruf beneide ich Sie nicht«, sagte ich, die Schnürsenkel knüpfend. Er nahm's nicht weiter übel. Draußen fuhren im selben Augenblick Güterzüge voller Zigaretten vorüber, ohne Zoll und Banderole, und man muss, auch als Beamter, Haupt- und Nebensachen gewissenhaft auseinanderhalten können.

Reisen ist eine arge Beschäftigung. Das moderne Unterwegs ist womöglich noch schlimmer als das vergangene. Früher wurde man von unkonzessionierten Räubern überfallen und ausgezogen, und man hatte immerhin das Gefühl, dass einem Unrecht geschähe. Das hat sich geändert. Man sollte lieber nicht auf Reisen gehen, sondern auf dem Balkon sitzen bleiben. Wie Pola. Zwischen den Stiefmütterchen. Oder man sollte sich vor der Abreise chloroformieren lassen.

Mir wird die Geschichte jenes großen deutschen Philosophen aus dem 18. Jahrhundert unvergesslich bleiben, der sich viele Jahre beharrlich sträubte, seine Universitätsstadt auch nur für einen Tag zu verlassen. Als er endlich einmal nachgab und, eines Vortrags wegen, mit der schnellen Post in eine andere Stadt fuhr, blieb er für den Rest des Lebens dort. Der Rest des Lebens betrug in seinem Falle dreißig Jahre. Die Hinreise hatte ihm genügt. Der Mann war konsequent. Das soll bei Philosophen vorkommen. Ich bin keiner.

Wahres Geschichtchen

Voraussetzungen, die eine zwingende Schlussfolgerung zulassen, nennt man, wie jeder Mittelschüler in und außer Dienst gern bestätigen wird, Prämissen. Die folgende wahre Geschichte hat der Prämissen zwei. Erstens: Kunst und Wirklichkeit sind in der Lage, die seltsamsten chemischen Verbindungen einzugehen.

Zweitens: Die Tiroler sind lustig. Das Subjekt der zweiten Prämisse ließe sich beliebig erweitern. Aber im vorliegenden Falle, den mir eine uns allen bekannte Schauspielerin erzählte, handelt sich's nun einmal um die Tiroler. Wahre Geschichten soll man nicht durch Fantasie – zehn Tropfen auf einen Liter Tatsachen – verwässern. Was ich hier erzähle, ist die ungepanschte Wahrheit.

Neulich – im Jahre 1948 – drehte man in Tirol einen Film. Der Film war, wie sich das gehörte, »zeitnahe«. Weil der Film zeitnah war, das heißt: weil er im Dritten Reiche spielte, brauchte man etliche SS-Männer. Weil es keine echten SS-Männer mehr gibt und weil wenig echte Schauspieler zur Hand waren, suchte der Regisseur unter den männlichen Dorfschönen die acht Schönsten, Herrlichsten, Athletischsten, Größten, Gesündesten, Männlichsten aus, ließ ihnen vom Kostümfritzen prächtige schwarze Uniformen schneidern und benutzte beide, die Schönen und die Uniformen, für seine Außenaufnahmen. Er war mit beiden recht zufrieden. Die Alpenbewohner haben ja einen natürlichen Hang zur, sagen wir, Schauspielerei. Die Raunächte, das jesuitische Barocktheater, die

Bauernbühnen – die Lust am Sichverstellen und die Fähigkeit dazu, es liegt den Leuten im Blut.

In einer Drehpause, vielleicht waren zu viel oder zu wenig Wolken am Himmel, schritten nun die acht falschen SS-Männer fürbass zum Wirtshaus. Tiroler Landwein ist etwas sehr Hübsches. Die Filmgage auch. Die acht sahen gewisse Möglichkeiten. Indes sie so schritten, kam ihnen der Autobus entgegen, der dort oben im Gebirg den Verkehr und die Zivilisation aufrechterhält. Und weil die Tiroler so lustig sind, stellten sich unsere acht SS-Männer dem Vehikel in den Weg. Der Bus hielt. Einer der acht riss die Wagentür auf und brüllte: »Alles aussteigen!« Und ein zweiter sagte, während er die zitternd herauskletternden Fahrgäste musterte: »Da samma wieda!« Ich weiß nicht, ob ich bei diesem Satze die richtige phonetische Schreibweise anwende. Auf alle Fälle wollte der zweite zum Ausdruck bringen, dass nunmehr die SS und das Dritte Reich wiedergekehrt seien.

Es geht nichts über den angeborenen Trieb, sich zu verstellen, und die diesem Trieb adäquate Begabung. Die Fahrgäste schlotterten vor so viel Echtheit, dass man's förmlich hören konnte. Die acht begannen, barsche Fragen zu stellen, Brieftaschen zu betrachten und die Pässe zu visitieren. Tirol gehört ja zu Österreich, und in Österreich hat man bekanntlich schon wieder Pässe. Während die acht nun ihre schauspielerische Bravour vorbildlich zum Besten gaben, kam der Herr Regisseur des Weges, sah den Unfug, rief seine Film-SS zur Ordnung, schickte sie ins Wirtshaus und entschuldigte sich zirka tausendmal bei den blass gewordenen Reisenden, die nervös und schnatternd auf der Landstraße herumstanden. Bei einem der Fahrgäste musste sich der Regisseur sogar drinnen im Omnibus entschuldigen. Es war ein alter, kränklicher Herr, dieser letzte Fahrgast. Er hatte vor Schreck nicht aussteigen können. Er stammte aus der Gegend. Er war das gewesen, was man heutzutage einen »Gegner des Dritten Reiches« nennt. Er hatte das seinerzeit gelegentlich zum Ausdruck gebracht und infolgedessen mit der SS Bekanntschaft machen müssen. Nun saß er also, bleich wie der Tod, in der Ecke, unfähig, sich zu rühren, stumm, entsetzt, ein Bild des Jammers. »Aber, lieber Herr«, sagte der Filmregisseur, »beruhigen Sie sich doch, bittschön. Wir drehen einen zeitnahen Film, wissen Sie. Dazu braucht man SS-Männer. Die Szene, die Sie eben erlebt haben, hat weder mit dem Film noch mit der Wirklichkeit etwas zu tun. Es war eine Lausbüberei, nichts weiter. Die Buam sind Lausbuam, und Jugend hat keine Tugend, und nehmen Sie's doch nicht so tragisch. Es sind harmlose, muntere Skilehrer und Hirten aus dem Dorf hier!«

Da schüttelte der alte Herr den Kopf und sagte leise: »Ich habe in dieser Gegend mit der SS öfter zu tun gehabt, Herr Regisseur. Sie haben gut ausgewählt, Herr Regisseur. Es sind … *dieselben!*«

Wir spielen »Verreisen«

Erst müsst ihr Wilhelm die Billette zeigen.
Er spielt den Schaffner gern. Und spielt ihn meist.
Dann müsst ihr allesamt aufs Sofa steigen
und tun, als ob ihr zweiter Klasse reist.

Im Zuge dürft ihr Apfelsinen essen
und müsst die Fenster schließen, weil es zieht.
Die Erna hat den Regenschirm vergessen.
Und Arthur meint, dass ihr dies ähnlich sieht.

Sie sagt darauf, er solle sich benehmen.
Und ihr Gedächtnis gehe ihn nichts an.
Und Arthur brüllt: sie solle sich was schämen.
Soviel er wisse, sei er noch ihr Mann.

Wenn ihr genug gezankt habt, seid ihr da.
Ihr rennt zum Waschgeschirr und schreit: »Das Meer!«
Und Fritz, der Gymnasiast, sagt »Thalatta«. –
Dann geht ihr ins Hotel »Zum Teddybär«.

Goldne Worte kurz vor Abfahrt

»Ich wollte dir doch noch was sagen …
Was war es bloß? Mein Kopf! Mein armer Kopf!
Ach so. Den großen blaupunktierten Topf,
den hab ich heute früh zerschlagen.

Nimm einen andern, falls du einen brauchst.
Doch wenn es geht, dann geh ins Restaurant.
Und schlafe früh gefälligst nicht so lang!
Und dass du, wenn ich fort bin, nicht so rauchst. –

Natürlich, alles rennt in mein Abteil!
Mein Herr, der Platz dort ist belegt.
Haha, wie er die Türen schlägt! –
Und geh nicht so viel aus derweil!

Ich fahre schließlich auch nicht zum Vergnügen.
Was will der Schaffner? Ist es schon so weit?
Und wenn du isst, nimm dir beim Kauen Zeit. –
Sowas von Zug in diesen Zügen! …

Was wollt' ich noch gleich sagen, Schatz?
Ganz recht! Schreib, wenn du schreibst, ausführlich.
Ich schreib dir auch. Und lang. Natürlich! –
Das dort am Fenster, Fräulein, ist mein Platz!

Ist das schon Dampf, was hier so zischt? –
Und dass du mir nicht immer tanzen rennst.
Ich kenne wen, den du nicht kennst!
Der hat dich schon am letzten Mal erwischt.

Du Schuft! Nun schnell noch einen Kuss!
So! Und nun steig ich aber ein.
Wir müssten längst schon aus der Halle sein!
Es tut mir leid, Franz, dass ich fahren muss …

Wo ist mein Schirm? Ach hier! Ein Glück.
Gib acht, wenn du die Alpenveilchen gießt.
Und dass du winkst, bis du mich nicht mehr siehst!«

Der Mann lief nebenher, ein kleines Stück.
Vor Freude weinend, blieb er bald zurück.

Frau Fabian reist ab

Fabian aß in einer Kneipe Bockwurst mit Kartoffelsalat. Dazu las er die Zeitungen, die im Lokal aushingen, und notierte sich Stellenangebote. Dann kaufte er in einem muffigen Papierladen Schreibmaterial und verfasste vier Bewerbungsschreiben. Als er sie in den Kasten gesteckt hatte, fand er, es sei Zeit. Und pilgerte, recht müde, zu der Zigarettenfabrik.

»Sieht man Sie auch mal wieder?«, fragte der Portier.

»Ich will mich mit meiner Mutter hier treffen«, antwortete Fabian. Der Portier kniff ein Auge zu. »Verlassen Sie sich ganz auf mich.«

Es war Fabian peinlich, dass der Mann die Komödie zu durchschauen schien. Er ging rasch ins Verwaltungsgebäude, setzte sich in eine Fensternische und sah alle fünf Minuten auf die Uhr. Sooft er Schritte hörte, drückte er sich dicht an den Fensterrahmen. In zehn Minuten war Büroschluss. Die Angestellten hatten es eilig. Sie bemerkten ihn nicht. Er wollte sein Versteck gerade verlassen, als er wieder Schritte und Stimmen vernahm, die sich näherten.

»Ich werde morgen in der Direktionssitzung von dem Preisausschreiben berichten, das Sie da vorbereitet haben, lieber Fischer«, sagte die eine Stimme. »Der Vorschlag ist beachtlich, man wird Sie würdigen lernen.«

»Herr Direktor sind sehr gütig«, erwiderte die andere Stimme. »Eigentlich habe ich das Projekt ja nur von Herrn Doktor Fabian geerbt.«

»Erbmasse ist ein Besitz wie jeder andere, Herr Fischer!« Der Ton des Direktors war unfreundlich. »Ist Ihnen mein Vorschlag unangenehm? Wäre Ihnen eine Gehaltszulage so zuwider? Nun also! Außerdem bedarf das Projekt einiger Verbesserungen. Ich werde gleich, unter Zugrundelegung Ihres Materials, ein Exposé in die Maschine diktieren. Glauben Sie mir, es wird Effekt machen, unser Preisausschreiben. Sie können jetzt nach Hause gehen. Sie haben es gut.«

»Meister muss sich immer plagen. Von Schiller«, bemerkte Fischer. Fabian trat aus der Nische. Fischer sprang erschrocken einen Schritt zurück. Direktor Breitkopf fingerte im Kragen. »Ich bin weniger überrascht als Sie«, sagte Fabian und ging zur Treppe.

»Da kommt er ja schon«, meinte der Portier, der sich mit Fabians Mutter unterhielt. Sie hatte den Koffer abgestellt, die Reisetasche, die Handtasche und den Schirm auf den Koffer gelegt und nickte dem Sohn zu. »Hübsch fleißig gewesen?«, fragte sie. Der Portier lächelte gutmütig und spazierte in seinen Verschlag.

Fabian gab der Mutter die Hand. »Wir haben noch eine halbe Stunde Zeit«, sagte er und nahm das Gepäck auf.

Als sie einen Eckplatz im Zug belegt hatten (im mittelsten Wagen, denn Frau Fabian hielt es für angebracht, die üblen Folgen eines etwaigen Eisenbahnunglücks von vornherein zu reduzieren), bummelten sie vor dem Coupé auf und ab.

»Nicht so weit weg.« Sie hielt den Sohn am Ärmel. »Wie leicht wird ein Koffer gestohlen. Kaum dreht man sich um, fort ist er.« Schließlich wurde Fabian misstrauischer als die Mutter und spähte unentwegt durchs Fenster zum Gepäcknetz.

»Nun kann's wieder abgehen«, sagte sie. »Der Henkel vom Mantel ist angenäht. Im Zimmer sieht's wieder menschlich aus. Frau Hohlfeld tat beleidigt. Darauf kann man aber keine Rücksicht nehmen.«

Fabian lief zu einem der fahrbaren Büfetts und brachte eine Schinkensemmel, eine Packung Keks und zwei Apfelsinen. »Junge, bist du leichtsinnig«, sagte sie. Er lachte, kletterte ins Abteil, schob ihr heimlich einen Zwanzigmarkschein in die Handtasche und kletterte wieder auf den Bahnsteig.

»Wann wirst du endlich mal wieder nach Hause kommen?«, fragte sie. »Ich koche alle deine Lieblingsgerichte, jeden Tag ein anderes, und wir gehen zu Tante Martha in den Garten. Im Geschäft ist ja so wenig los.«

»Ich komme, sobald ich kann«, versicherte er.

Als sie aus dem Coupéfenster blickte, meinte sie: »Bleib recht gesund, Jakob. Und wenn's hier nicht vorwärtsgehen will, pack dein Bündel und komm heim.«

Er nickte. Sie sahen einander an und lächelten, wie man auf Bahnsteigen zu lächeln pflegt, ähnlich wie beim Fotografen, nur dass weit und breit kein Fotograf zu sehen ist. »Lass dir's gut gehen«, flüsterte er. »Es war schön, dass du da warst.«

Auf dem Tisch standen Blumen. Ein Brief lag daneben. Er öffnete ihn. Ein Zwanzigmarkschein fiel heraus, und ein Zettel. »Wenig mit Liebe, Deine Mutter«, war daraufgeschrieben. In der unteren Ecke war noch etwas zu lesen. »Iss das Schnitzel zuerst. Die Wurst hält sich in dem Pergamentpapier mehrere Tage.«

Er steckte den Zwanzigmarkschein ein. Jetzt saß die Mutter im Zug, und bald musste sie den anderen Zwanzigmarkschein finden, den er ihr in die Handtasche gelegt hatte. Mathematisch gesehen, war das Ergebnis gleich Null. Denn nun besaßen beide dieselbe Summe wie vorher. Aber gute Taten lassen sich nicht stornieren. Die moralische Gleichung verläuft anders als die arithmetische.

Nur fort von hier!

Im Feuilleton des Boulevardblattes, das auf seinen Knien lag, sah er Cornelia wieder. »Juristin wird Filmstar«, stand groß unter dem Foto. (…) »Alles Gute«, flüsterte Fabian und nickte dem Bild zu. In der anderen Zeitung sah er sie noch einmal. Sie trug einen imposanten Sommerpelz und saß in dem Auto, das er schon kannte, am Steuer. Neben ihr hockte ein dicker, großer Mensch, anscheinend der Entdecker persönlich. (…)

»Alles Gute«, wiederholte Fabian und starrte auf das Foto. Wie lange war das her! Er blickte auf das Bild, als betrachtete er ein Grab. Eine unsichtbare gespenstische Schere hatte sämtliche Bande, die ihn an diese Stadt fesselten, zerschnitten. Der Beruf war verloren, der Freund war tot, Cornelia war in fremder Hand, was hatte er hier noch zu suchen?

Er trennte die Fotografien sorgfältig aus den Zeitungen, verwahrte die Ausschnitte im Notizbuch und warf die Zeitungen fort. Nichts hielt ihn zurück, er verlangte dorthin, woher er gekommen war: nach Hause, in seine Vaterstadt, zu seiner Mutter. Er war schon lange nicht mehr in Berlin, obwohl er noch immer auf dem Anhalter Bahnhof saß. Würde er wiederkommen? Als sich ein paar Leute an seinem Tisch breitmachten, stand er auf, durchschritt die Sperre und setzte sich in den Zug, der auf das Signal zur Abfahrt wartete.

Nur fort von hier! Der Minutenzeiger der Bahnhofsuhr rückte weiter. Nur fort!

Der Anhalter Bahnhof, um 1929

Fabian saß am Fenster und blickte hinaus. Die Felder und Wiesen schwangen wie auf einer Drehscheibe. Die Telegrafenstangen machten Kniebeugen. Manchmal standen kleine barfüßige Bauernkinder mitten in der tanzenden Landschaft und winkten mechanisch. Auf einer Weide graste ein Pferd. Ein Fohlen hüpfte den Zaun entlang und schwenkte den Kopf. Dann fuhren sie durch einen düsteren Fichtenwald. Die Stämme waren von grauen Flechten bewachsen. Die Bäume standen da, als seien sie aussätzig und als habe man ihnen verboten, den Wald zu verlassen.

Ihm war, als suche jemand seine Augen. Er wandte sich um und blickte ins Abteil. Die Mitreisenden, gleichgültige, gleichgültig dasitzende Leute, waren mit sich beschäftigt. Wer sah ihn an? Da entdeckte er, draußen im Gang, Frau Irene Moll. Sie rauchte eine Zigarette und lächelte ihm zu. Als er sich nicht rührte, winkte sie. Er trat hinaus.

»Es ist skandalös, wie wir beiden einander nachlaufen«, sagte sie. »Wo fährst du hin?«

»Nach Hause.«

»Sei höflich«, meinte sie. »Frage mich gefälligst, wo ich hin will.«

»Wo wollen Sie hin?«

Sie lehnte sich an ihn und flüsterte: »Ich türme. Einer der Schlafburschen hat mein Etablissement verpfiffen. Ich erfuhr es heute Morgen von einem Polizeibeamten, dessen Monatsgehalt ich verdoppelt habe. Kommst du mit nach Budapest?«

»Nein«, sagte er.

»Ich habe hunderttausend Mark bei mir. Wir brauchen nicht nach Budapest zu fahren. Wollen wir über Prag nach Paris? Wir werden im Claridge wohnen. Oder wir gehen nach Fontainebleau und mieten eine kleine Villa.«

»Nein«, sagte er. »Ich fahre nach Hause.«

»Komm mit«, bat sie. »Ich habe Schmuck bei mir. Wenn wir blank sind, erpressen wir die alten Schachteln, die sich bei mir beschlummern ließen. Ich kenne interessante Einzelheiten, Gucklöcher haben ihr Gutes. Oder willst du lieber nach Italien? Was hältst du von Bellagio?«

»Nein«, sagte er, »ich fahre zu meiner Mutter.«

»Du verdammter Esel«, flüsterte sie ärgerlich. »Soll ich vor dir niederknien und dir eine Liebeserklärung machen? Was hast du gegen mich? Bin ich dir zu aufgeklärt? Ist dir eine dumme Gans lieber? Ich habe es endlich satt, nach der ersten besten Hose zu greifen. Du gefällst mir. Wir begegnen einander immer wieder. Das kann kein Zufall sein.« Sie fasste seine Hand und streichelte seine Finger. »Ich bitte dich, komm mit.«

»Nein«, sagte er. »Ich komme nicht mit. Reisen Sie gut.« Er wollte wieder ins Abteil.

Sie hielt ihn zurück. »Schade, jammerschade. Vielleicht ein andres Mal.« Sie öffnete ihre Handtasche. »Brauchst du Geld?« Sie wollte ihm ein paar Banknoten in die Hand stecken. Er schloss die Hand zur Faust, schüttelte den Kopf und ging ins Coupé.

Sie blieb noch eine Weile vor der Tür des Abteils und sah ihn an. Er blickte durchs Fenster. Man fuhr durch ein Dorf.

Es war gegen sechs Uhr abends, als er ankam. Er trat aus dem Bahnhof und sah die Dreikönigskirche. Ihm schien, sie musterte ihn von oben herunter: Warum holt dich heute niemand ab, und warum kommst du ohne Koffer?

Er ging den Dammweg entlang und durchschritt den alten Viadukt. Ein endloser Güterzug ratterte drüber hin, die Steinwölbung dröhnte. Das Haus, in dem früher der Lehrer Schanze gewohnt hatte, war frisch gestrichen. Die anderen Häuser standen unverändert in ihrer grauen, ihm seit der Kindheit bekannten Front. In dem Eckhaus, das der Hebamme Schröder gehörte, war ein neues Geschäft eröffnet worden, ein Fleischerladen, noch standen die Blumenstöcke im Schaufenster.

Langsam näherte er sich dem Haus, in dem er geboren war. Wie vertraut ihm die Straße war. Er kannte die Fassaden, er kannte die Höfe, Keller und Böden, überall war er hier beheimatet. Aber die Menschen, die aus den Häusern und in die Häuser traten, waren ihm fremd. Er blieb stehen. »Seifengeschäft« stand über einem Laden. Ein Zettel klebte am Fenster. Er las: »Nun auch Feinseifen herabgesetzt. Hausmarke Lavendel zwanzig statt zweiundzwanzig Pfennige. Torpedoseife fünfundzwanzig statt achtundzwanzig Pfennige.« Er ging bis zur Tür.

Seine Mutter stand hinter dem Ladentisch, zwei Frauen standen davor. Die Mutter bückte sich gerade und stellte ein Paket Waschpulver auf den Tisch, dann schnitt sie einen Riegel Kernseife mittendurch. Dann nahm sie einen Bogen Packpapier und einen Holzlöffel, schaufelte Schmierseife aus dem Fass, wog sie ab und wickelte sie ein. Er spürte den Seifengeruch bis auf die Straße.

Dann klinkte er die Ladentür auf. Die Glocke bimmelte. Die alte Frau sah auf und ließ erschrocken die Hände sinken.

Er ging auf sie zu und sagte mit zitternder Stimme: »Mutter, Labude hat sich erschossen.« Und plötzlich liefen ihm die Tränen aus den Augen. Er öffnete die Tür, die ins Hinterzimmer führte, schloss sie wieder, setzte sich in den Lehnstuhl vorm Fenster, blickte in den Hof hinaus, legte langsam den Kopf aufs Fensterbrett und weinte.

Das Eisenbahngleichnis

Wir sitzen alle im gleichen Zug
und reisen quer durch die Zeit.
Wir sehen hinaus. Wir sahen genug.
Wir fahren alle im gleichen Zug.
Und keiner weiß, wie weit.

Ein Nachbar schläft, ein andrer klagt,
ein dritter redet viel.
Stationen werden angesagt.
Der Zug, der durch die Jahre jagt,
kommt niemals an sein Ziel.

Wir packen aus. Wir packen ein.
Wir finden keinen Sinn.
Wo werden wir wohl morgen sein?
Der Schaffner schaut zur Tür herein
und lächelt vor sich hin.

Auch er weiß nicht, wohin er will.
Er schweigt und geht hinaus.
Da heult die Zugsirene schrill!
Der Zug fährt langsam und hält still.
Die Toten steigen aus.

Ein Kind steigt aus. Die Mutter schreit.
Die Toten stehen stumm
am Bahnsteig der Vergangenheit.
Der Zug fährt weiter, er jagt durch die Zeit,
und niemand weiß, warum.

Die 1. Klasse ist fast leer.
Ein feister Herr sitzt stolz
im roten Plüsch und atmet schwer.
Er ist allein und spürt das sehr.
Die Mehrheit sitzt auf Holz.

Wir reisen alle im gleichen Zug
zur Gegenwart in spe.
Wir sehen hinaus. Wir sahen genug.
Wir sitzen alle im gleichen Zug
und viele im falschen Coupé.

Die Ewigkeit in Zahlen

Auf einem Spaziergang, der mich in die bergige Umgebung eines Tiroler Städtchens führte, sah ich eines jener Marterl stehen, die man hier häufig findet und die der Erinnerung an unterwegs tödlich Verunglückte dienen. Es lohnt sich fast ausnahmslos, die Inschriften dieser Marterl zu entziffern. Sie sind nicht nur fromm, sondern auch volkstümlich. Und der volkstümliche Gehalt der Nachrufe ist es, der Interesse beansprucht.

Auf diesem Marterl war nun zu lesen, dass an dieser Stelle des Wegs im Jahre 1921 ein gewisser Josef Praxmaier beim Holzfahren verunglückt und anschließend verstorben sei. Seiner Seele wurde alles erdenklich Gute gewünscht. Vorübergehende wurden ersucht, stehenzubleiben und für den Sepp Praxmaier ein Gebet zu sprechen. An diese schriftliche Aufforderung schlossen sich ein paar Verse. Ich habe sie mir gemerkt und möchte sie mitteilen. Man solle also für den Praxmaier beten, hieß es, und dann erklärte die Inschrift weiter:

»Es ist nicht weit
zur Ewigkeit.
Um 6 Uhr ging er fort.
Um 8 Uhr war er dort.«

Ist das nicht schön? Nun weiß es der Wanderer endgültig. Zwei Stunden braucht man bis zur Ewigkeit! Und wenn man um sechs Uhr aufbricht, trifft man Punkt acht Uhr ein.

Ich stand vor diesem rührend komischen Fahrplan und lächelte. Ich lachte beileibe nicht. Aber ich lächelte. Mein Spaziergang dauerte noch lange. Er führte mich durch einen Wald, auf einen Berg und schließlich wieder in das Tiroler Städtchen zurück.

Und ich muss bekennen, dass mein Lächeln länger dauerte, als man von dem Berg draußen vor der Stadt bis zur Ewigkeit braucht.

Ball im Osten: Täglich Strandfest

Lauter Engel in Trikots.
Lauter Brüste und Popos.
Ohne Halt und Barriere,
folgend dem Gesetz der Schwere,
hängt die Schönheit bis zum Knie.
Und beim Tanzen zittert sie.

Jeder Tisch hat Telefon.
Und da läutet es auch schon.
Was sie sagt, klingt recht gewöhnlich.
Später kommt sie ganz persönlich.
Und sie drückt dich zielbewusst
an die kuhstallwarme Brust.

Nach der Tour schleppt sie dich gar
auf ein Sofa in die Bar.
Ach, die Frau ist schlecht vergittert,
und du siehst, womit sie zittert.
Ungewollt blickst du ihr tief
bis in ihr Geheimarchiv.

Sinnlich beißt sie dich ins Ohr,
säuft Likör und knöpft dich vor.
Nichts am Manne ist ihr heilig.
Was sie hat, das hat sie eilig.
Als du, zu diskretem Zweck,
raus willst, lässt sie dich nicht weg.

Oben auf der Galerie
sei es dunkel, flüstert sie.
Und sie schürzt die Hemigloben,
nickt dir zu und klimmt nach oben.
Deutscher Jüngling, scher dich fort!
Stürz nach Hause! Treibe Sport!

Ferien und Menschenkunde

Der Kellner Sengspiel – komischer Name – und ich haben Geheimnisse miteinander. Nämlich: Neulich nachts saß ich in seinem »Revier«. Am Tische eines Herrn, der, ohne zu zahlen, verschwunden ist. Zwölf Mark sind keine Kleinigkeit. Sengspiel fragte mich tags darauf, ob ich den Herrn nicht kenne. Nein, keine Ahnung. Aber das Fräulein, mit dem der Unbekannte häufig getanzt habe – sagte ich –, sitze doch da drüben links! Sengspiel belächelte meine Treuherzigkeit. Ging aber doch hinüber. Klagte sein Leid. Das Fräulein schüttelte den Kopf. Jener Herr habe sie zwar heimbegleitet, sogar eingeladen, mit dem Auto mit ihm gen Berlin zu fahren – natürlich abgelehnt! –, aber sonst?

Während nun aber das ahnungslose Fräulein tanzte, gab die Nachbarin – schöne Freundin das! – dem Kellner Sengspiel einen Zettel. Darauf stand die Adresse des unbekannt verschwundenen Herrn: Berlin W 30, Münchner Straße usw.

Wie kommt also, frage ich, die Adresse eines Herrn, die das eine Fräulein anstandshalber nicht kennt, in die Hände der Freundin, die die Adresse erst recht nicht kennen dürfte?

Zustände sind das hier, kann ich Ihnen sagen! Sodom und Gomorrha auf norddeutsch.

In der andern Ecke des Tanzlokals sitzt, in verhältnismäßig prominentem Kreise, die Weltmeisterin des Florettfechtens, Helene Mayer. Oberprimanerin mit blonden Schnecken. Was wird aus dem Abitur? Das sind Zeiten! Sie bereist die Bäder und ficht Schau. Ein weiblicher Fechtbruder.

Vorgestern focht sie im Kursaal. Gegen eine Fechtlehrerin und und gegen einen Fechtmeister der Gegend. So ein Mädchen! Wie aus bestem Gusseisen. Haltung, Stich und Parade bewunderungswürdig. Dabei nervös wie eine Primanerin bei der Prüfungsfrage: »Welches sind die Exportartikel von Finnland?«

Morgens und nachmittags tummelt sie sich im Familienbad. Mit Kurmusik und Ballwerfen. In blauseidenem Trikot.

Überhaupt, die jungen Damen und Herren der Gegenwart … Wenn sie nicht aus Draht sind, müsste ich mich sehr irren. Sie stehen kopf, sie schlagen Rad, sie machen die »Brücke« – sie benehmen sich zwanglos wie Mitglieder von Zirkustruppen. Und gewachsen sind sie! Das griechische Gymnasium könnte hier in die Schule gehen. Jugend von heute. Sportlich trainiert. Und gebaut wie die Plastiken im Museum.

Allerdings: reden hören müsste man sie nicht müssen! Haben sich beim Mensendiecken zweifellos das Gehirn verrenkt. Dumm wie Bohnenstroh, sagt man.

Aber vielleicht liegt das an der Gegend. Es sind viele Hiesige hier, zwischen Lübeck und Stettin gebürtig. Da ist für Köpfe anscheinend nicht das geeignetste Klima.

Und so mag es auch wohl kommen, dass die nationalistischen Verbände hier oben den meisten Zulauf haben. Wir haben ein Spiel erfunden; wir suchen, hinter den Leuten hergehend, zu erraten, wer ein Stahlhelmabzeichen trägt und wer nicht. Meistens behalten wir recht. Die Hinterköpfe sind unverkennbar.

Erich Kästner, sportlich, 1926

Der Flottenbund Deutscher Frauen veranstaltet vaterländisch gesonnene Bälle. Frau von Oertzen und Fräulein von Bülow halten montags Bibelstunde ab. In jedem der größeren Hotels wohnt mindestens ein Baron, genießt nibelungenhafte Verehrung und schlägt allen, die es wünschen, leutselig auf die zu diesem Zwecke vorhandenen Schultern. Im Hafen liegen Torpedoboote. Und abends hat jeder Seemann sein Mädchen im Topf. Jeder bessere Kurgast hat sein Auto vor der Hoteltür. Und wenn in Doberan Pferderennen ist, fährt alles hinüber. »Prinzessin Sigismund von Preußen war auch da.«

Für die Auto-Nichtbesitzer gibt es Kurkonzerte im Park. Neulich dirigierte der »jüngste Kapellmeister der Welt«. Neun Jahre alt. Wolfgang Groener aus Berlin. Nein, nicht der Sohn des Reichswehrministers. Aber dennoch in Uniform. Mit einer riesigen, nur von den abstehenden Ohren hochgehaltenen Schirmmütze. Mit einem süßen kleinen Säbel an der Linken. Er, der kleine Groener, stellte sich auf die Zehenspitzen und schwang den Stab. Keiner der Musiker konnte den Jungen auch nur sehen. Und so kam eine ganz passable Blechmusik zustande.

Der Flieger Udet vollführt in einem kleinen roten Flugzeug über dem Familienbad Purzelbäume und wirft Gummibälle ab, auf denen eine Rasierklingenfirma ihre Messer anpreist.

So macht jede Firma auf ihre Weise Reklame. Und die Sonne scheint, ohne feinere Unterschiede zu machen, auf die Guten und die Bösen.

Und alle kriegen braune Haut.

Modernes Reiselied
für Saxophon und Singstimme / Melodie bekannt

Wem Gott will rechte Gunst erweisen
(vorausgesetzt, dass es ihn gibt),
den lässt er in ein Seebad reisen,
besonders wenn er Berge liebt.

Am schönsten ist es, wenn es regnet,
und wenn man dann, mit Wut im Bauch,
dem Hauswirt aus Berlin begegnet
und dessen alter Ziege auch.

Nicht Einer fährt, wohin er wollte,
selbst wenn er in den Himmel fährt.
Und falls die Sonne scheinen sollte –
ein Sonnenstich ist auch was wert.

Die Reisen des Amfortas Kluge

Anmerkung der Redaktion: Amfortas Kluge ist ein junger, hoffnungsvoller Schriftsteller. Wir merkten es sofort, als er unsere Räume betrat, und es musste uns daran liegen, ihn als Mitarbeiter zu gewinnen. Da er darüber Klage führte, wie bedeutsam und wie schwierig zugleich der Erwerb lebendiger Erfahrung für den werdenden Autor sei, erkannten wir die Möglichkeit, ihm und uns zu nützen. Wir stellten ihm einen vorzüglichen Globus und andere zu einer Weltreise erforderliche Mittel zur Verfügung, woraufhin er sich eilends entfernte. Zuvor verpflichtete er sich, uns eine größere Serie abenteuerlicher Reiseaufsätze zu liefern, deren ersten wir anschließend abdrucken.

1. Fünf Minuten Nordpol

Der Eisberg im Mittelmeer. – Begegnung mit Amundsen. – Durch Nacht zum Eis. Bobbys Taschentuch als Annexionsflagge. – Der Strick als Lebensretter. Die Pinguine auf der Langen Linie.

Der Chefredakteur hatte flüchtig von einem Zeitungskiosk gesprochen, den der Verlag am Kongoknie besitze. Ich orientierte mich also auf meinem Globus, was der Kongo sei und wo er fließe, kaufte mir einen Tropenhelm, ein Lüsterjackett und eine Feldflasche und begab mich zum Bahnhof. Fahrpläne und Frauen sind die größten

Rätsel, die es gibt. – Zum Glück führte der Zufall meinen Freund Bobby an mir vorüber, der mir auf die Schulter schlug und fragte, wohin ich reise. Ich bat ihn nachzusehen, wann der nächste Zug nach dem Kongo abginge. Er prüfte die Anschläge gewissenhaft und fand, dass ich vor Mitternacht nicht fahren könne. Außerdem müsse ich zweimal umsteigen.

Als er meine Ungeduld bemerkte, kam ihm eine Idee: »Weißt du was, Amfortas? Ich bringe dich mit meinem Flugzeug hin.« Ich erklärte mich einverstanden, und wir fuhren nach dem Flugplatz. – Eine Stunde später schwammen wir schon in den Lüften, wobei mir zunächst ziemlich übel war. Dann wurde es dunkel.

Am nächsten Morgen blickte ich interessiert auf die Erde hinunter, aber außer einigen Wiesen und Feldern gab es nichts Rechtes zu sehen. Doch gegen Mittag meinte Bobby, während er sich lächelnd nach mir umwandte: »Das Mittelmeer!« Ich steckte ihm ein Praliné in den Mund und suchte die Wüste Sahara. Aber das Mittelländische Meer kannte kein Aufhören. Schließlich wurde ich ärgerlich und beugte mich so weit aus der Kabine, dass ich den Tropenhelm verlor. Tief unten in der unabsehbaren Wasserwüste schwamm ein großer weißer Fleck. Bobby senkte den Apparat so tief, bis wir sahen, dass es sich um einen immensen Eisberg handelte. Kopfschüttelnd stiegen wir wieder höher. Nach vielen Stunden kam endlich Land in Sicht: weite weiße Flächen.

Da drehte sich Bobby wieder um und sagte: »Amfortas, sei mir nicht bös, aber ich glaube, mein Kompass geht falsch. – Das dort unten ist ganz sicher Grönland.« Erst wollte ich grob werden, dann rief ich: »Das ist nun schon alles gleich! Fahren wir ein wenig nach dem Nordpol!« Er nickte nur und schaltete die doppelte Übersetzung ein.

In dieser Nacht konnte ich vor Nervosität kaum schlafen. Welch kühner Entschluss, den Nordpol zu entdecken!

Am Morgen des zweiten Tages sahen wir ein Schiff im Eis. Weil Bobby erklärte, er kriegte den Krampf in die Finger, wenn er das Steuer noch länger halten müsse, schlug ich ihm vor, für kurze Zeit auf dem Schiff zu landen. Er tat, wie ihm geheißen. – Das Schiff nannte sich »Frama« und beherbergte bereits ein anderes Flugzeug, das – wie sich herausstellte – einem Herrn Amundsen gehörte. Er erzählte, dass er soeben von einer Tournee nach dem Nordpol käme, aber nicht dort gewesen sei. Dann tranken wir in der Kapitänskajüte Kaffee, ließen uns vom Schiffskoch ein paar Brötchen einwickeln, bedankten uns herzlich und stiegen wieder in unser Flugzeug. Herr Amundsen wollte mir seinen Gehpelz aufdrängen. Mein Lüsterjackett sei ungeeignet. Aber ich lehnte ab. Bobby erkundigte sich noch rasch nach der Fahrtrichtung; der Kapitän zeigte mit der Hand und rief: »Und dann immer geradeaus!«

Gegen Mittag fuhren wir so hoch, dass wir erkennen konnten, wie rund die Erde tatsächlich ist. Bobby machte mich aufmerksam: »Amfortas, siehst du dort die platte Stelle? Das muss der Nordpol sein!« Ich überzeugte mich von der Richtigkeit seiner Beobachtung und sagte: »Dort hinten geht es wieder bergab. Das ist sicher bereits die andere Erdhälfte!« Bobby drückte auf das Tiefensteuer.

Dann landeten wir auf der erwähnten platten Stelle. Sprangen munter aus der Maschine und standen – am Nordpol. Es war ein erhabener Augenblick. Bobby sagte: »So eine Stille hier, was?« Ich gab ihm recht. – Wohin man blickte, ja selbst dort, wohin man nicht blickte: Überall lag Eis und Schnee. Ein prachtvoller Anblick! Fast wie in den Alpen! Und wir bedauerten, die Schlittschuhe nicht mitgenommen zu haben.

Übrigens, die Temperatur war gar nicht so ungewöhnlich, wie man sich das wohl vorstellt. Nach ein paar Kniebeugen wurde uns wieder ganz gemütlich zumute. Leider konnten wir die Erdachse nicht finden. Doch das mochte an dem dicken Eis liegen. Auf die Rückseite seiner Geschäftskarte schrieben wir Datum und Adresse und befestigten die Karte und Bobbys kariertes Taschentuch an meinem Spazierstock, den wir in eine Spalte bohrten. Mittlerweile hatten sich verschiedene Tiere in unsere Nähe gewagt: mehrere Eisbären (ganz wunderbare Bettvorleger!), ein Rudel Polarfüchse, die ganz abscheulich bellten, und ein reizender Schwarm von Pinguinen. Sie beschnupperten das Flugzeug, leckten das Schmieröl ab und fraßen mir ein Pfund Würfelzucker aus der Hand, wobei ihnen Tränen der Dankbarkeit in die klugen Augen traten. Bobby störte mich in dieser Tätigkeit, weil er Durst hatte. Ich reichte ihm die Feldflasche, streichelte den größten Eisbären, schwang mich auf seinen zottigen Rücken und ließ ihn ein wenig um den Spazierstock traben. Bobby störte mich von neuem, weil die Flasche leer war. Ich hatte in der Eile vergessen, sie füllen zu lassen. Daraufhin lutschten wir kleine Eisstückchen, von denen Bobby Zahnschmerzen bekam.

»Amfortas«, murmelte er, »das Beste wird sein, wir fahren wieder nach Hause.« Ich erklärte mich einverstanden; denn mir war gänzlich unklar, wie man sich am Nordpol die Zeit vertreiben könnte.

Man ist ungewöhnlichen Situationen in den seltensten Fällen gewachsen. –

Bobby warf den Propeller an, hauchte sich schnell noch einmal in die Hände; wir stiegen ein – aber die Maschine blieb stehen. Er kletterte wieder herunter und fand die Räder eingefroren. Da half kein Rütteln. – Dann fragte Bobby: »Hast du zufällig Strick bei dir?«

Es gehört zu meinen stehenden Gewohnheiten, stets eine Rolle Strick einstecken zu haben. Weil einer meiner Lehrer immer sagte, Strick, ein Taschenmesser und eine Schachtel Streichhölzer seien das, was den Mann von den Frauen unterscheide.

Ich holte also die Rolle Strick aus der Tasche; Bobby schnitt sie in eine größere Zahl kleinerer Stücke, winkte die Pinguine herbei und band jedem eine der Leinen um den Hals. Die freien Enden knüpften wir sorgfältig an dem Flugzeug fest. Als wir wieder im Apparat saßen, schnalzte Bobby laut mit der Zunge, schrie »hühott!«, bis die Vögel endlich begriffen, worum es sich handelte. Sie breiteten die Flügelchen aus, schwangen sich hoch und rissen bei dieser Gelegenheit die Maschine aus dem Eis.

Wir stiegen hoch. Die Polarfüchse bellten zum Abschied. –

Diese Rückfahrt war herrlich, und ich bedauerte, dass uns der Durst gezwungen hatte, den Nordpol so bald zu verlassen. Ohne Unterbrechung fuhren wir bis Kopenhagen. In einem Café an der Langen Linie erholten wir uns von den Strapazen der Reise.

Es mag komisch genug ausgesehen haben, wie wir zwei durch die belebten Straßen dieser schönen Stadt spazierten! Ich, Amfortas Kluge, im Lüsterjackett, die Feldflasche um den Leib gegürtet; mein Freund Bobby mit der Autobrille auf der Stirn und an zahllosen Leinen etliche Dutzende von Pinguinen, die vor uns herwatschelten und zuweilen neugierig erstaunt vor den Schaufenstern stehenblieben …

2. *Als Scheuerfrau beim Dalai-Lama*

Einen Monat chloroformiert. – Auf Rollschuhen durch die Wüste Gobi. – Das zusammenklappbare Maschinengewehr. – Der unzüchtige Antrag. Die Flucht über den Mount Everest.

Nicht ungestraft entdeckt man den Nordpol. – Es gab nun in Kopenhagen riesige Banketts. Uns zu Ehren und auf unsere Kosten. Es gab überdies Weibergeschichten, die für Bobby mit einer Verlobung endeten. Teils weil er in Kopenhagen noch keine Braut besaß; teils weil er musste. Im Zusammenhang hiermit bedurfte er eines neuen Oberhemdes und büttengeschöpfter Visitenkarten.

Wir entäußerten uns also der Pinguine, indem wir sie an eine ältere Dame verkauften. Sie würden es gut haben. Aber sie fraßen sämtliche Hunde und Katzen, Papageien und Kanarienvögel des altjüngferlichen Haushalts. Obwohl wir schriftlich erklärt hatten: Pinguine lebten vegetarisch. Und das kostete wieder Geld. Außerdem fielen Bobby die zunehmenden Zärtlichkeiten seines Fräulein Braut auf die Nerven!

Wir beschlossen, Kopenhagen gütlich und unauffällig zu verlassen und nach Tibet zu gehen. Ein reicher Privatmann finanzierte die Sache, behielt aber unseren Doppeldecker als Deckung zurück. Sodass wir auf die Eisenbahn angewiesen waren. Ich ließ mich für die Dauer eines Monats chloroformieren, um die Ernährungsfrage zu lösen, und weil ich das Eisenbahnfahren nicht vertrage.

Eh bien, nach Ablauf eines Monats trafen wir in Buchara ein, wo mich Bobby durch eine wohlgezielte Ohrfeige wachrief. Zunächst besorgte er für seine Kopenhagener Braut einen wundervollen Kaschmirschal und sandte ihn an sie mit etlichen Zeilen der Entschuldigung. – Dann mieteten wir eine Karawane. Leider wurde sie bereits bei der Überquerung des Hochlandes von Pamir durch einen unvorhergesehenen Wolkenbruch vernichtet. Außer Bobby und mir blieben einzig zwei dreihöckerige Kamele und dreihundert Konservenbüchsen am Leben.

Wir mussten also allein reisen. – Tibet ist ein von außerordentlich hohen Gebirgen garniertes Steppenhochland. Die Steppe selber ist zirka dreimillionenmal so groß wie das Tempelhofer Feld, enthält etliche Sträucher, hinter denen für gewöhnlich Räuber versteckt sind, und duftet wunderbar nach Parfüm, weil das Moschustier häufig auftritt. – Die Nächte brachten wir sehr oft in buddhistischen Nonnenklöstern zu, ohne uns dabei von den Strapazen der Reise erholen zu können. Die Mongolen sind ein ungewöhnlich temperamentvoller Volksstamm.

Früher als wir erwartet hatten, gingen unsere Kamele zugrunde. Und zwar an Diphteritis. Nach Jahren erst erfuhren wir die Ursache: Diese dreihöckerigen Tragtiere sind es gewöhnt, in den Salzseen zu gurgeln, die einem hier auf Schritt und Tritt begegnen. Wir hatten das nicht gewusst und sie daran gehindert, weil wir ihre Neigung für eine kindische Marotte hielten. – Nun hockten wir wahrhaft auf dem Trockenen. Und es war ein großes Glück, dass Bobby in seinem Rucksack zwei Paar Rollschuhe vorfand. Ganz zufällig. Jetzt war die Fortsetzung der Reise natürlich nur noch ein Kinderspiel. Wir rollten auf einem kleinen Umweg durch die Wüste Gobi und kamen wohlbehalten in Lhasa an.

Der deutsche Konsul in Lhasa ist ein Gentleman. Als wir ihm unseren Plan, bis zum Dalai-Lama vorzudringen, darlegten, geriet er in so grelle Verzweiflung, dass sein Monokel zerbrach, das er seit zwanzig Jahren nicht mehr aus den Augen gelassen hatte. Dann versuchte er, während wir auf der Veranda seines Grals saßen und Zigaretten aus grünem Tee rauchten, uns durch eine Beschreibung der Todesarten abzuschrecken, denen europäische Forscher vor uns zum Opfer gefallen waren: z. B. künstliche Darmverschlingungen; Vergiftungen durch Zuckerbier; Schmoren am Spieß; striktes Toiletteverbot; Abschälen der Großhirnrinde und dergleichen. Wir lächelten gleichgültig und baten um positive Ratschläge. Daraufhin trieb er drei Jahre mit uns die Landessprache, das Devanagari. Eine dem Esperanto verwandte Sprache; aber ohne Vokale. Dann schenkte er uns sein Wörterbuch und ein zusammenklappbares Maschinengewehr. Wir schüttelten ihm herzlich die Hand, schnallten die Rollschuhe an und fuhren eiligst nach Potala. So heißt das Schloss des Dalai-Lama. Es ist in dem bekannten turkestanischen Empirestil erbaut und enorm groß.

Nachdem wir fast eine halbe Stunde völlig erfolglos um das Gebäude herumgeschlichen waren, verfiel Bobby auf eine raffinierte List: Wir rasierten uns, legten Rouge und Puder auf, zogen die Kleider zweier Frauen an, die wir im Freibad überrascht hatten, und gingen tänzelnden Schritts auf die mehrköpfige Schildwache zu. Dort sagte Bobby, wobei er seine Stimme um eine Oktave verschob: »Wir sind die neuen Scheuerfrauen.« Sofort ließ man uns ein.

Das Innere des Schlosses ist seltsam: Strahlenartig laufen vom Portal tausend Korridore aus, an deren jeden tausend türlose Zimmer grenzen. In jedem Zimmer sitzt ein Lama, betrachtet seinen Nabel oder kurbelt die Gebetsmühle. – Wir begannen sofort die Zimmer zu scheuern. Etwa ein Jahr lang. Dabei waren wir noch immer nicht fertig, während die ersten Räume schon wieder schmutzig wurden. Nachts schliefen wir in der Speisekammer des Dalai-Lama, den selber wir nie zu Gesicht bekamen. Eines Tages endlich erhielten wir von dem Portier die Weisung, den großen Verhandlungssaal zu säubern, weil eine chinesische Abordnung eingetroffen sei, um über die tibetanischen Binnenzölle zu beraten.

Wir klopften gerade den Thron aus – er war voller Motten –, als der Dalai-Lama eintrat. Er schaute uns längere Zeit zu. Dann rief er mich ins Nebenzimmer. Ich warf Bobby einen bedeutungsvollen Blick zu, ehe ich folgte. – »Seit wann bist du in meinem Schloss, schönes Kind?«, fragte er mit werbender Stimme. Ich knickste und flüsterte: »Seit einem Jahr, Eure Exzellenz.« Er streichelte meine Hand, wobei ich Zeit hatte, ihn zu betrachten. Er war rund dreihundert Jahre alt; besaß ein falsches Gebiss und keine Haare, hatte eine von Dolchschnitten zerfetzte pergamentene Haut und trug eine Art Zuckerhut als Kopfschmuck. Ich wollte mich gerade nach seiner Schuhnummer und nach seinem Vornamen erkundigen, als er, vermutlich von der Leidenschaft übermannt, meine Taille umfasste. Ich suchte mich seinen Armen zu entwinden und stieß auf Tibetanisch »O nicht doch! Sie Schäker!« hervor. Doch er ging so weit, dass man sagen kann, er sei zu weit gegangen. Bei dieser Gelegenheit wurde er stutzig und drückte auf eine elektrische Klingel. Ich spuckte ihm – den Gebräuchen der Lamas folgend – ins Gesicht und floh in den großen Saal, wo Bobby bereits das Maschinengewehr aufgeschlagen hatte. Mutig kämpften wir uns den Korridor entlang, was zu unserem Bedauern unter gegnerischen Verlusten geschah. Nach der Anrichtung eines mittelgroßen Blutbades lief die Leibgarde des Dalai-Lama zähneklappernd davon. Wir erreichten das Hauptportal, standen im Freien, atmeten auf und waren gerettet.

Dann knobelten wir mit Zündhölzchen, ob wir über den Kunlun nach Sibirien oder über den Himalaja nach Indien fliehen sollten. Das Geschick entschied für Indien.

Was ist weiter zu erzählen? Wir kletterten über den Himalaja, bestiegen – da wir nun einmal in der Nähe waren – als Erste den Mount Everest und langten wettergebräunt in dem schönen Benares an.

Der Handstand auf der Loreley
(Nach einer wahren Begebenheit)

Die Loreley, bekannt als Fee und Felsen,
ist jener Fleck am Rhein, nicht weit von Bingen,
wo früher Schiffer mit verdrehten Hälsen,
von blonden Haaren schwärmend, untergingen.

Wir wandeln uns. Die Schiffer inbegriffen.
Der Rhein ist reguliert und eingedämmt.
Die Zeit vergeht. Man stirbt nicht mehr beim Schiffen,
bloß weil ein blondes Weib sich dauernd kämmt.

Nichtsdestotrotz geschieht auch heutzutage
noch manches, was der Steinzeit ähnlich sieht.
So alt ist keine deutsche Heldensage,
dass sie nicht doch noch Helden nach sich zieht.

Erst neulich machte auf der Loreley
hoch überm Rhein ein Turner einen Handstand!
Von allen Dampfern tönte Angstgeschrei,
als er kopfüber oben auf der Wand stand.

Er stand, als ob er auf dem Barren stünde.
Mit hohlem Kreuz. Und lustbetonten Zügen.
Man frage nicht: Was hatte er für Gründe?
Er war ein Held. Das dürfte wohl genügen.

Er stand, verkehrt, im Abendsonnenscheine.
Da trübte Wehmut seinen Turnerblick.
Er dachte an die Loreley von Heine.
Und stürzte ab. Und brach sich das Genick.

Er starb als Held. Man muss ihn nicht beweinen.
Sein Handstand war vom Schicksal überstrahlt.
Ein Augenblick mit zwei gehobnen Beinen
ist nicht zu teuer mit dem Tod bezahlt!

P. S. Eins wäre allerdings noch nachzutragen:
Der Turner hinterließ uns Frau und Kind.
Hinwiederum, man soll sie nicht beklagen.
Weil im Bezirk der Helden und der Sagen
die Überlebenden nicht wichtig sind.

Eine Miniatur verschwindet

Ein kleiner Aufschnitt und große Kunst

Jener Platz in Kopenhagen, an dem die Königliche Oper steht, heißt der Kongens Nytorv. Es ist ein außerordentlich freundlicher, geräumiger Platz. Und will man ihn mit der Muße betrachten, auf die er Anspruch hat, setzt man sich am besten vors Hotel d' Angleterre.

Unter freiem Himmel, vor der Front des Hotels, stehen in langen Reihen Stühle und Tische. Gäste aus aller Welt sitzen nebeneinander, lassen sich sorgfältig bedienen und finden sich notgedrungen mit den Annehmlichkeiten des Lebens ab. Übrigens kehren kein Stuhl und kein Gast dem Platz den Rücken. Man sitzt wie im Parterre eines vornehm bewirtschafteten Freilichttheaters, blickt gemeinschaftlich zur Fassade des Opernhauses hinüber und ergötzt sich an dem heiteren Treiben, das die Kopenhagener Bürger ihren Fremden darzubieten gewohnt sind.

Es ist schon recht sonderbar mit diesem Kongens Nytorv! Man mag jahrelang nicht mehr in Dänemark gewesen sein, und inzwischen gab's auf jeden Fall in etlichen Staaten Revolution, inzwischen wurde der Usurpator von Afghanistan von den Parteigängern seines Cousins aufgeknüpft, und in Japan stürzten bei einem Erdbeben mindestens zehntausend Häuser ein, als seien sie aus Altenburger Skatkarten erbaut gewesen – wenn man dann wieder aus der Amagergade herauskommt, sich nach links wendet und zum d'Angleterre blickt, sitzen da noch immer jene eleganten Frauen und distinguierten Fremden, in fünf Reihen gestaffelt, vorm Hotel, unterhalten sich in einem Dutzend Sprachen, mustern geduldig das fröhliche Treiben und verbergen mühsam hinter der Gelassenheit ihrer Mienen, wie gut die dänische Küche schmeckt.

Am Kongens Nytorv steht die Zeit still.

Infolge dieses Umstands erübrigt es sich begreiflicherweise, den Zeitpunkt näher zu bestimmen, an dem Fleischermeister Oskar Külz den Platz überquerte und aufs Hotel d' Angleterre zusteuerte.

Külz trug einen grünen imprägnierten Lodenanzug, einen braunen Velourshut und einen buschigen, graumelierten Schnurrbart. In der rechten Hand hielt er einen knorrigen Spazierstock, in der linken Griebens Reiseführer für »Kopenhagen und Umgebung«.

Vor der Balustrade, hinter der die vordersten Tische standen, machte er halt und blickte nachdenklich und zögernd über die an den Stuhlketten aufgereihten Gäste hin. Hierbei bemerkte er, dass sich eine sehr geputzte und lackierte Dame flüsternd zu ihrem Begleiter beugte und dass dieser ihn musterte und milde belächelte, als gelte es, etwas zu verzeihen.

Das war entscheidend. Hätte jener Herr nicht gelächelt, so wäre Fleischermeister Külz weitergegangen. Und dann hätte die Geschichte, die jetzt allmählich beginnt, einen anderen Verlauf nehmen müssen, als sie schließlich und tatsächlich nahm.

So aber murmelte Külz das Wort »Schafszipfel« und setzte sich protzig und breitspurig an ein freies Tischchen. (...) Als Külz sich setzte, stöhnte der zierliche Stuhl vor Schmerz auf. Ein Pikkolo flitzte herbei und fragte: »Please, Sir?«

Der Gast schob den Veloursshut ins Genick. »Menschenskind, ich kann kein Dänisch. Bring mir ein Töpfchen Helles! Aber ein großes Töpfchen.«

Der Pikkolo verstand nichts, verneigte sich und verschwand im Hotel. Külz rieb sich die Hände. Dann tauchte ein befrackter Kellner auf. »Womit kann ich Ihnen dienen, mein Herr?«

Der Gast blickte misstrauisch hoch. »Mit einem großen Pilsner«, erklärte er. (…) »Und was zum Essen. Einen kleinen Aufschnitt, wenn's nicht zu viel Umstände macht. Mit verschiedenen Wurstsorten. Mich interessiert eure dänische Wurst beruflich. Ich bin ein Berliner Fleischermeister.«

Der Kellner verriet nicht, was er dachte, verneigte sich stattdessen und verschwand.

Külz stellte seinen Spazierstock an die Balustrade, stülpte den braunen Veloursshut auf den vergilbten Horngriff und lehnte sich wohlgemut zurück. Die Stuhllehne ächzte.

Er betrachtete Stuhl und Tisch und sagte bekümmert: »Die reinsten Konfirmandenmöbel.«

Diese Bemerkung brachte es mit sich, dass ein Fräulein, das allein am Nebentisch saß, lachen musste.

Oskar Külz war überrascht. Er drehte den Oberkörper halbrechts, machte eine ungeschickte Verbeugung und sagte: »Entschuldigen Sie vielmals!«

Das Fräulein nickte ihm munter zu. »Wieso? Ich bin auch aus Berlin.«

»Aha!«, erwiderte er. »Deshalb sprechen Sie deutsch!« Anschließend wurde ihm die bodenlose Tiefsinnigkeit seiner Schlussfolge-

Hotel d'Angleterre, um 1926

rung klar. Er schüttelte, ärgerlich über sich selber, den Kopf und stellte sich, da ihm nichts Klügeres einfiel, vor. »Mein Name ist Külz«, sagte er.

Sie schlug die Hände zusammen. »Sie sind Herr Külz? Nein, das ist lustig! Dann kaufen wir ja unser Fleisch bei Ihnen!«

»Bei Oskar Külz?«

»Das weiß ich nicht. Gibt es denn mehrere Külze?«

»Das kann man wohl sagen.«

»Am Kaiserdamm.«

»Das ist Otto, mein Jüngster.«

»Eine ausgezeichnete Fleischerei«, versicherte sie.

»Doch, doch. Aber von Leberwurst versteht er nichts. Da sollten Sie mal bei Hugo Leberwurst kaufen! Das ist mein zweiter Junge. In der Schlossstraße in Steglitz.« (…)

In diesem Augenblick kam der Oberkellner. Er schob einen Rollwagen, behutsam wie einen Kinderwagen für Zwillinge, vor sich her. Auf dem Rolltisch befanden sich ein Glas Bier und eine Platte mit Wurst und Braten.

Wenn ein Fleischermeister beim Anblick einer Wurstplatte erschrickt, muss das besondere Gründe haben.

Külz erschrak sehr. »Das ist wohl ein Missverständnis«, sagte er. »Ich habe einen kleinen Aufschnitt bestellt, und Sie bringen eine Platte für zwölf Personen!«

Der Kellner zuckte die Achseln. »Der Herr wollte die dänische Wurst studieren.«

»Aber doch nicht bis Weihnachten!«, knurrte Külz.

Etliche Reihen weiter hinten, neben dem Hoteleingang, saßen zwei Herren und lasen. Vielleicht hielten sie die Zeitungen auch aus anderen Gründen vors Gesicht. (…) Der eine der Herren sah ungefähr wie ein Heldentenor aus, der sich seit seinem vierzigsten Jahre mit Rotwein statt mit Gesang beschäftigt hat. Nicht mit dem Anbau des Rotweins, sondern mit dessen Verbrauch. Die Nase (…) war blaurot und erinnerte an Frostbeulen.

Der andere Herr war klein und unterernährt. Auch sein Gesicht war nicht mehr ganz neu. Die Ohren saßen ungewöhnlich hoch am Kopf. Wie bei einer Eule. Zudem standen sie ab, und der Sonnenschein machte sie transparent.

»Sicher eine bestellte Sache«, meinte der Tenor. Seine Stimme klang genau so, wie seine Nase aussah.

Der Kleine schwieg.

»Es soll wie ein zufälliges Zusammentreffen wirken«, fuhr der andere fort. »Ich glaube nicht an Zufälle.«

Der kleine Herr mit den verrutschten Ohren schüttelte den Kopf. »Es ist trotzdem Zufall«, meinte er. »Dass der alte Steinhövel dem Mädchen jemanden schickt, ist denkbar. Dass er einen Riesen schickt, der in Kopenhagen als Tiroler auftritt, ist Blödsinn. Ebenso gut könnte er dem Kerl ein Schild umhängen und draufschreiben, worum sich's handelt.«

»Wäre mir entschieden lieber«, sagte der Rotweinspezialist.

»Immer diese Unklarheiten.«

Der Kleine stand auf. »Ich rufe den Chef an.«

Külz holte eine Zigarre hervor und rauchte sie voller Empfindung an. Dann schlug er ein Bein übers andre und meinte: »Wenn mich meine Alte hier sitzen sähe!«

»Warum haben Sie denn Ihre Frau Gemahlin nicht mitgebracht?«, erkundigte sich das Fräulein. »Musste sie im Geschäft bleiben?«

»Nein, es war eigentlich anders«, erwiderte Külz elegisch. »Sie weiß gar nicht, dass ich in Kopenhagen bin. Ich bin einfach getürmt. Schrecklich, was?« (…)

»Herr Külz«, meinte das Fräulein. »Sie sind ein alter Sünder.«

»Nicht doch!«

»Haben Sie sich wenigstens tüchtig umgeschaut?«, fragte sie.

»O ja«, sagte er. »Es reicht. Ich war in Roeskilde. Ich war drüben in Malmö. Ich war an Hamlets Grab. Obwohl es sehr zweifelhaft ist, ob er drinliegt. Ich war oben in Gilleleje und habe im Meer gebadet. Liebes Fräulein, dass man nicht früher angefangen hat, sich die Welt anzusehen – ich könnte mich stundenlang backpfeifen.«

»Und wie oft«, fragte sie, »haben Sie Ihrer Familie geschrieben?«

»Überhaupt nicht«, erklärte er. (...)

Das Fräulein schwieg eine Weile. Dann sagte sie: »Ich weiß natürlich nicht genau, wie einem als Fleischermeister (...) zumute ist.«

»Eben«, meinte er.

»Aber eines weiß ich. Dass Sie jetzt schleunigst eine Ansichtskarte besorgen und Ihrer Frau schreiben. In der Hotelhalle gibt es Karten.« Külz blickte das Fräulein von der Seite an.

Sie sagte: »Ich bitte darum.«

Er gab sich einen Ruck, stand auf, schritt ins Hotel und murmelte: »Schon wieder unterm Pantoffel!«

In der Hotelhalle war ein Kiosk. Külz holte die Lesebrille aus dem Futteral, setzte sie auf und musterte die Ansichtskarten. Nach längerem Suchen entschied er sich für eine prachtvolle Hafenansicht, hielt die Karte der Verkäuferin entgegen und sagte: »Dazu eine Sechspfennigmarke. Oder kostet es nach Deutschland mehr?«

Die Verkäuferin hing an seinen Lippen.

»Eine Sechspfennigmarke«, knurrte er. »Ein bisschen dalli!«

Da meinte neben ihm ein kleiner Herr, der sich durch viel zu hoch gelegene Ohren auszeichnete: »Sechspfennigmarken werden Sie hier kaum bekommen. (...) Vielleicht versuchen Sie's mal mit dänischen?«

Der kleine Herr war sehr hilfsbereit gewesen. Guten Menschen bereitet es ja immer Vergnügen, anderen zu helfen. Sie sind Epikureer und befriedigen, indem sie Gutes tun, ihre moralische Lust.

Wie dem auch sei – Fleischermeister Külz hatte die angemessen frankierte prächtige Hafenansicht in der Hand und unterhielt sich mit dem kleinen Herrn. Sie sprachen schon seit fünf Minuten miteinander. Es geht nichts über die Sympathie zwischen reifen Männern. (…)

»Nun muss ich aber wieder an meinen Tisch«, meinte der Berliner. »Mein Name ist Külz. Es hat mich sehr gefreut.«

»Ganz meinerseits«, erwiderte der kleine Herr. »Ich heiße Storm.« Sie schüttelten einander die Hand.

Im selben Augenblick fuhr vorm Hotel ein Zeitungsbote vor, sprang vom Rad und rannte mit einem Packen Zeitungen durchs Portal in die Halle. Das Fräulein im Kiosk blickte auf die Schlagzeilen und bekam auf den Backen runde rote Flecke. (…) Die Gäste in der Halle spürten, dass etwas los war. Sie drängten zum Kiosk und kauften Zeitungen. Sie lasen die Nachrichten und redeten in sämtlichen Weltsprachen durcheinander. (…) Der kleine Herr (…) kaufte eine Zeitung und überflog die erste Seite.

»Nun werde ich doch neugierig«, sagte Külz. »Was ist denn geschehen? Gibt's Krieg?«

»Nein«, meinte Storm. »Es sind Kunstgegenstände verschwunden. Im Werte von einer Million Kronen.«

»Aha«, sagte Külz. »Na, dann will ich mal meine Ansichtskarte schreiben.« Er gab Herrn Storm freundlich die Hand und ging.

Oskar Külz schob die Ansichtskarte beiseite, steckte den Bleistift ins Notizbuch zurück und atmete erleichtert auf. Dann wandte er sich dem Fräulein zu. »Würden Sie hier unterschreiben?«, fragte er. »Dann wird nämlich meine Emilie eifersüchtig, und das wirkt immer so komisch.« Er lachte gutmütig.

Das Fräulein schrieb eine Zeile und legte die Karte wieder auf den Tisch zurück.

Er nahm die Karte und las, was seine Nachbarin geschrieben hatte. »Besten Dank!«, sagte er dann. »Besten Dank, Fräulein Trübner.«

»Bitte sehr.«

»Sie müssen bald heiraten«, meinte er nachdenklich.

»Warum denn?«

»Weil Sie einen so traurigen Namen haben! Ich kannte einen Mann, der hieß Schmerz. Das war einer der unglücklichsten Menschen, die es jemals gegeben hat.«

»Weil er Schmerz hieß?«

»Sicher! Dem hat nicht einmal das Heiraten geholfen!«

»Wahrscheinlich, weil er auch noch nach der Hochzeit Schmerz hieß«, bemerkte sie scharfsinnig. (…) »Außerdem bin ich nicht entfernt so trübsinnig, wie mein Name es verlangt.«

»Doch«, sagte er. »Doch, doch! Besonders seit ich die Ansichtskarte besorgt habe. Wieso eigentlich?« (…)

Sie tippte mit einem Finger auf die erschienene Zeitung. »In dem Blatt steht eine Nachricht, die mich sehr erschreckt hat.«

In demselben Augenblick schritt ein junger Mann an ihnen vorüber. Er war groß und schlank und schien viel Zeit zu haben. Er machte vor dem Portier, der an der Treppe stand, halt, legte zum Gruß einen Finger an die Hutkrempe und fragte: »Wohnt hier im Hotel ein Fräulein Trübner aus Berlin?«

»Jawohl«, erwiderte der Portier. »Sie sitzt gerade dort vorn an der Balustrade. Neben dem großen, dicken Touristen.«

»Das trifft sich ja großartig!«, meinte der schlanke Herr. »Danke schön!« Er legte zum Gruß einen Finger an die Hutkrempe und kehrte um.

Der Portier salutierte und blickte hinter ihm her.

Der junge Mann ging auf die Balustrade zu. Aber er blieb keineswegs an dem Tisch Fräulein Trübners stehen. Er sah die Dame, nach der er sich eben erst erkundigt hatte, nicht einmal an! Sondern schlenderte gleichgültig an ihr vorüber, trat auf die Straße hinaus und verschwand im Gewühl.

Der Portier riss die Augen auf. Und obwohl er von Berufs wegen so manches verstand – das verstand er nicht.

»Würden Sie mir einen großen Gefallen erweisen?«, fragte Fräulein Trübner.

»Für eine Kundin von meinem Otto tu ich alles«, erklärte Fleischermeister Külz. »Mit Ausnahme von Mord und Totschlag.«

»Das wird sich hoffentlich vermeiden lassen«, sagte sie ernst. »Begleiten Sie mich, bitte! Ich muss etwas besorgen. Und unterwegs will ich Ihnen erzählen, worum sich's handelt. Ich habe das Gefühl, dass man uns beobachtet.«

»Die Sache ist die«, begann Fräulein Trübner. Sie saßen in einem Hof der Amalienborg auf einer Bank. Zwischen den Steinplatten vor den ehrwürdig freundlichen Fassaden der Schlossgebäude wuchs Gras. Im Hafen drüben tuteten Dampfer, die in den Sund gelotst wurden. Sonst war es still.

Eine hohe alte Mauer trennte den Schlosshof von der Straße draußen. Nur in der Mitte war die Mauer unterbrochen. An dieser Stelle befand sich ein mächtiges eisengeschmiedetes Gittertor, das gewiss seit Jahrzehnten nicht mehr geöffnet worden war. Wer die Straße entlangkam, der konnte hier stehenbleiben und zwischen kunstvoll verrankten eisernen Ornamenten, Figürchen und Rosetten hindurch in den altertümlichen Hof blicken.

So, wie gerade jetzt ein gewisser Herr. (...)

Fräulein Trübner und Herr Külz hatten keine Ahnung, dass man sie beobachtete. Sie kehrten der Straße den Rücken und betrachteten die Fenster und Tore des Schlosses.

»Die Sache ist die«, sagte das Fräulein. »Ich bin bei einem reichen und in der ganzen Welt anerkannten Kunstsammler, der in Berlin wohnt und Steinhövel heißt, Privatsekretärin. Vorige Woche war nun in Kopenhagen die Versteigerung einer der größten Sammlungen, die es gibt. Die Sammlung gehörte ursprünglich einem Amerikaner, der seinen Lebensabend in Dänemark verbrachte und kürzlich gestorben ist. (...) Herr Steinhövel sammelt vor allem Miniaturen. Miniaturen sind winzige Gemälde. Oft sind sie aufs Kostbarste eingefasst. Alte Miniaturen sind sehr teuer. (...) Kennen Sie Holbein den Jüngeren?«

»Wenn ich ehrlich sein soll: nein! Den Älteren auch nicht.«

»Holbein der Jüngere war einer der berühmtesten deutschen Maler. Er lebte eine Zeitlang am Hofe Heinrichs VIII.«

»Den kenn ich«, meinte Külz erfreut. »Das ist der, der einen Tag lang barfuß im Schnee stand.«

»Nein. Das war Heinrich IV.«

»Aber ungefähr hat's gestimmt, was?«

»Ziemlich. Heinrich IV. war ein deutscher Kaiser und Heinrich VIII. war König von England. – Am bekanntesten wurde er dadurch, dass er häufig heiratete und etliche seiner Frauen hinrichten ließ. (…) Die erste Frau, die er köpfen ließ, hieß Ann Boleyn. Holbein malte sie, ohne Wissen des Königs, kurz vor der Hochzeit, und sie schenkte ihm diese Miniatur, von wundervollen Edelsteinen umrahmt, zum Geburtstag.«

»Heute lässt man sich fotografieren«, meinte Külz. »Das geht schneller und ist billiger.«

»Auf der Rückseite der Miniatur steht eine liebevolle Widmung von Ann Boleyns eigner Hand.«

»Aha«, sagte Külz. »Jetzt geht mir ein Seifensieder auf. Diese Miniatur wurde in Kopenhagen versteigert, und Herr Steinhövel hat sie gekauft.«

»So ist es. (…) Und mich hat der Chef beauftragt, die englische Miniatur von Kopenhagen nach Berlin zu bringen. (…) Denn ihn kennt man. Seine Privatsekretärin kennt man nicht. Und nun kommt die heutige Zeitungsmeldung!«

Herr Külz kratzte sich am Kopf.

»Kunstgegenstände im Werte von einer Million sind geraubt worden.« Sie war außer sich. »Es handelt sich ausnahmslos um

Gegenstände, die auf der Auktion versteigert worden sind. Und von den Tätern fehlt jede Spur. Wenn ich nun morgen mit der Miniatur Ann Boleyns nach Berlin fahre, kann es mir passieren, dass die Miniatur verschwindet. Es wird mir sogar todsicher passieren! Ich fühle das schon seit heute Mittag. (…) Ich habe mir gedacht, Sie könnten mir helfen.«

»Mach ich«, meinte Külz. »Ich weiß nur nicht, wie.«

»Sie fahren morgen Mittag mit mir nach Berlin.«

»Schon?«

»Ihre Frau wird sich sehr freuen!«

»Das ist doch kein Grund!«

»Es gehört aber zu meinem Plan, Herr Külz!«

»Das ist etwas anderes«, sagte er. »Also schön! Wir reisen morgen Mittag. Ich fahre aber dritter Klasse.«

»Wundervoll!«, rief sie. »Und ich fahre zweiter Klasse! (…) Ich gebe Ihnen morgen am Bahnhof die Miniatur. Und in Berlin geben Sie sie mir zurück.«

»Donnerwetter!«, rief er. »Raffiniert!«

»Wir gehen, ohne einander zu kennen, durch die Sperre. Und ich drücke Ihnen heimlich ein Päckchen in die Hand. Niemand wird etwas merken. Wir reisen getrennt. Wenn man mich berauben will, wird man nichts finden.«

»Und wenn die Bande noch schlauer ist und mir das Päckchen stiehlt?«

»Ausgeschlossen!«, erklärte sie. »Auf die Idee kommt keiner!«

»Wie Sie meinen, Fräulein Trübner. Ich lehne aber von vornherein jede Verantwortung ab.«

»Selbstverständlich, lieber Herr Külz.« Sie stand auf. »Mir fällt ein Stein vom Herzen. Ich danke Ihnen, dass Sie mir helfen wollen.«

Sie schüttelte ihm die Hand.

Nachdem er die Amalienborg verlassen hatte, geriet er in die Bredgade. In dieser Straße befinden sich sehr viele Antiquitätengeschäfte. Da Külz, wenn auch noch nicht lange, mit Miniaturen zu tun hatte, hielt er es für seine Pflicht, sich mit Kunst zu befassen. Er betrachtete geduldig alle Schaufenster. Er erblickte Kupferstiche, gestickte Ornate, silberne Leuchter, Madonnen aus bemaltem Holz, japanische Aquarelle, Negergötzen, alte Kalender, polynesische Tanzmasken, Elfenbeinschnitzereien, Ruppiner Bilderbögen und vieles mehr. Das meiste gefiel ihm nicht.

Vor einem der Läden stand der kleine Herr, der ihm den Unterschied zwischen deutschen und dänischen Briefmarken erläutert hatte. Storm war andächtig in irgendeinem Anblick versunken. (...)

»Glück muss man haben!«, rief Oskar Külz und klopfte dem andern auf die Schulter.

Fräulein Irene Trübner ging zur selben Zeit durch die Innenstadt. Sie suchte ein Schuhgeschäft, in dessen Auslagen ihr vor Tagen ein Paar Sandaletten aufgefallen war. Heute wollte sie nun die Schuhe kaufen. Vorausgesetzt, dass man ihre Schuhgröße vorrätig hätte. Sie hatte nämlich Größe 35. (...)

In einigem Abstand folgten ihr zwei Herren. »Man sollte das Herzchen anquatschen«, meinte der eine, ein gewisser Herr Achtel. »Wer weiß, wozu es gut ist.«

»Na schön«, sagte Karsten. (…) Dann brachte er sich in eine schnellere Gangart und schloss zu Fräulein Trübner auf. Er war nur noch wenige Schritte hinter ihr her.

Da wurde er von einem großen schlanken Herrn überholt! Dieser Herr tippte der jungen Dame auf die Schulter und rief erstaunt: »Hallo, Irene! Wie kommst du denn nach Kopenhagen?«

Irene Trübner zuckte zusammen und drehte sich um.

Doppelte Zollkontrolle

Fräulein Irene Trübner fand ein Abteil zweiter Klasse, das ziemlich leer war. Nur die Fensterplätze waren besetzt. Von einem sehr jungen amerikanischen Ehepaar, das Zeitungen und Magazine las und diese gelegentlich austauschte.

Sie setzte sich in eine der Gang-Ecken und blickte sehr oft auf ihre Armbanduhr. (…) Dann ruckte der Zug an. (…) Sie fühlte sich beobachtet. Sie sah sich um.

Draußen im Gang stand der große schlanke Herr, der Rudi hieß! Er nickte ihr zu und zog den Hut.

Dann kam er ins Abteil, setzte sich ihr gegenüber und fragte: »Wollen wir uns wieder vertragen?«

Sie schwieg.

»Oh«, sagte er. »Sie haben die neuen Schuhe an! Reizend! Sie machen so einen kleinen Fuß.«

Fräulein Trübner schwieg.

»Die Absätze könnten etwas niedriger sein«, meinte er. »Niedrige Absätze sind gesünder.«

»Sind Sie Orthopäde?«, fragte sie.

»Nein.« (…)

Er lehnte sich zurück, schlug gemächlich ein Bein übers andre, holte eine Zeitung heraus und sagte: »Ich lasse jetzt aus Schüchternheit eine Pause eintreten. Auf Wiederhören in einer Stunde.« Dann begann er angestrengt zu lesen.

Der Zug fuhr durch die Insel Seeland. Nach Süden. Es war eine Reise durch Gärten.

Fräulein Trübner klemmte die große Handtasche energisch unter den Arm und sah, an dem amerikanischen Ehepaar vorbei, aus dem Fenster.

Fleischermeister Külz blickte, in seinem Abteil, ebenfalls hinaus. Wenigstens mit dem einen Auge. Mit dem andern hütete er seinen Koffer und dessen Geheimnis.

»Man hat's nicht leicht«, dachte er. (…) Er trocknete sich die Stirn.

»Ist Ihnen zu heiß?«, fragte Storm besorgt.

Und ehe Külz antworten konnte, sprang ein andrer Fahrgast auf und ließ die Fensterscheibe herunter.

»Sehr freundlich«, sagte Külz und betrachtete die Runde. So viele liebenswürdige, vertrauenerweckende Menschen hatte er selten beisammen gesehen. Da hatte er wirklich Glück gehabt! – Er deutete mit der Hand zum Fenster hinaus. »Es fiel mir schon auf der Herfahrt auf«, meinte er. »Das dänische Vieh ist erstklassig. So etwas habe ich noch nicht gesehen!«

Eine Herde brauner Rinder schien zu spüren, dass von ihnen die Rede war. Die Tiere blickten aufmerksam herüber, und ein Kälbchen lief ein paar Schritte neben dem Zuge her.

»Sie interessieren sich für Viehzucht?«, fragte der Herr, dem die rote Nase gehörte.

»Versteht sich«, sagte Külz. »Ich bin Fleischermeister. Seit dreißig Jahren!«

»Dann allerdings«, meinte der Herr zuvorkommend.

Der Herr, der Rudi hieß, hatte sich ins Polster zurückgelehnt. Er lag mit geschlossenen Augen und atmete friedlich. Irene Trübner betrachtete sein Gesicht. Sie betrachtete es sehr nachdenklich und dachte bei sich: »Jedes Wort, das er bis jetzt zu mir gesagt hat, war vermutlich eine Lüge. Warum folgt er mir seit gestern? Und wenn er's schon tut, warum belügt er mich? (...) Nun, er soll sich an mir die Zähne ausbeißen, der Rudi!« Sie korrigierte ihre Gedanken: »– Der Herr Rudi! – Diese Schlafmütze, ha!«

In dem letzten Punkt irrte sie sich. Der Herr Rudi schlief gar nicht. Es sah nur so aus. Hinter den tiefgesenkten Wimpern betrachtete er das junge Mädchen ununterbrochen. Er war empört. »Ausgerechnet diese Irene Trübner«, dachte er, »ausgerechnet sie muss ein so hübscher Kerl sein! Warum ist sie keine Schreckschraube? Seit Jahren wünscht man sich's, so eine Person zu treffen. Und wenn sie einem dann endlich in die Arme läuft, kommt sie ungelegen. (...) Ach, ist das Leben kompliziert.«

Sie beugte sich weit vor und sah ihn sonderbar an. Ihm war, als würden ihre Augen immer größer. (...) Plötzlich schlug sie die Augen nieder und wurde rot wie ein Schulmädel.

Darüber verlor er die Selbstbeherrschung und erwachte. »Ist die Stunde um?«, fragte er.

Sie fuhr zusammen und strich sich das Haar glatt. »Welche Stunde?«

»Die geplante Gesprächspause«, sagte er. (…)

In diesem Augenblick passierte ein Herr den Gang. Ein Herr, der einen weißen Bart und eine dunkle Brille trug. Er blickte ins Abteil und schritt langsam weiter.

Fräulein Trübner fragte: »Kennen Sie diesen Herrn?«

»Nein«, erwiderte Herr Struve. »Aber ich habe das dumpfe Gefühl, als ob ich seine werte Bekanntschaft sehr bald machen würde.«

Er sollte recht behalten.

Als er auf der Fähre zwischen den Inseln Seeland und Laaland das Abteil verließ, um sich die Füße zu vertreten, traf er den Herrn wieder. Dieser blieb gerade vor einem der Passagiere stehen und bat um Feuer. Jemandem, der misstrauisch war, musste auffallen, dass der Mann, der seine Zigarette hinhielt, dem weißen Vollbart etwas zuflüsterte.

Bemerkungen zwischen Fremden pflegen nicht geflüstert zu werden. Auch zu viel Vorsicht ist Leichtsinn.

Der alte Herr schritt weiter.

Rudi Struve pilgerte hinterdrein.

Der alte Herr musterte die Abteilfenster.

Struve folgte diesem Blick und bemerkte hierbei einen Mann, der aus einem Coupé dritter Klasse herausschaute und, als der alte Herr vorüberkam, ein Auge zukniff.

Und dieser Mann hatte unterhalb des Auges, das er zukniff, eine auffällig rote Nase.

Struve kam die Nase bekannt vor. Er trat an die Reling und betrachtete fünf Minuten lang die Ostsee, die Silbermöven und die Bojen, welche die Trajektrinne markieren ... Dann drehte er sich um und beobachtete das Coupé dritter Klasse, das es ihm angetan hatte.

Neben dem Mann mit der roten Nase entdeckte er den kleinen Herrn mit den hochgerutschten Ohren. Und den Dritten auch, den er vor der Amalienborg gesehen hatte.

Und ihnen gegenüber, zwischen lauter Galgengesichtern, hockte der gutmütige riesenhafte Lodentourist, der mit Irene Trübner im d' Angleterre zusammengesessen hatte.

Diese Gruppierung begriff Rudi Struve nicht. Was hatte der athletische Biedermann zwischen so vielen Gaunern zu suchen? Oder sollte er gar kein Biedermann sein?

Struve trat schleunigst den Rückzug an. Er eilte im Dauerlauf zu seinem Coupé. Hoffentlich war in seiner Abwesenheit keine Überraschung eingetreten! Er sprang die Wagenstiege hoch und eilte durch den Gang. Kurz vor dem Abteil bremste er und zwang sich eine gemütliche Gehweise auf.

Fräulein Trübner saß noch am alten Fleck und sinnierte.

Gjedser war längst passiert. Die Zoll- und Passkontrolle war schon vorm Betreten des Trajekts erledigt worden. Der Dampfer und die Eisenbahnwagen drunten im Schiffsbauch schwammen in der Ostsee, und die dänische Küste wurde blass.

Fleischermeister Külz stand auf und griff nach seinem Koffer.

»Wo wollen Sie denn hin?«, fragte Storm.

»In den Speisesaal. Ich habe Hunger. Kommen Sie mit, Herr Storm? Ich spendiere eine Runde Aquavit.«

Külz lächelte väterlich.

»Sie müssen sich noch einen Augenblick gedulden, meine Herren«, sagte einer der Fahrgäste. »Der Schiffszoll war noch nicht da.«

»Nanu!«, rief Storm und tat sehr erstaunt.

»Aber wir haben doch die Zollkontrolle schon hinter uns!«, meinte Külz.

»Auf dem Trajekt wird noch einmal kontrolliert«, erklärte der gut informierte Fahrgast.

»Das kapier ich nicht«, sagte Külz. »Auf der Herfahrt wurde das nicht gemacht.«

»Sind Sie auf dem deutschen Trajekt gekommen?«, fragte ein andrer Mitreisender.

»Jawoll, auf dem deutschen!«

»Da haben Sie's«, sagte der gut Informierte. »Und jetzt fahren wir auf dem dänischen. Da ist man gründlicher.«

»Diese verdammten Bürokraten!«, knurrte Philipp Achtel.

»Doppelte Buchführung«, meinte ein andrer Fahrgast ironisch.

»Also schön«, sagte Külz und setzte sich resigniert auf die grünen Hosen. »Abwarten und Tee trinken.«

Die Fahrgäste der ersten und zweiten Klasse hatten in dem eleganten und lichten Speisesaal Platz genommen oder standen in tätiger Bewunderung vor den langgestreckten Tafeln, auf denen vom Hummer angefangen bis zu Schwedenfrüchten mit süßer Sahne alles zu finden war, was Herz und Magen begehren. Sie beluden ihre

Porzellanteller mit den Herrlichkeiten, die sich darboten, und kehrten lüstern an ihre Tische zurück.

Dieser Weg wurde von vielen des Öfteren zurückgelegt. Denn ob man nichts oder ein Fuder aß – der Preis war der gleiche.

Die Ostsee schlug Wellen. Manchmal tauchte im Rahmen der Fenster der Himmel auf und manchmal das Meer. Besonders empfindliche Reisende legten Messer und Gabel müde aus den Händen und pressten die Lippen aufeinander. Welch ein Jammer!

Doch im Allgemeinen ging es ohne Zwischenfälle ab. –

Herr Struve hatte sich zu Irene Trübner gesetzt, obwohl sie, als er sich ihrem Tisch näherte, nicht gerade einladend dreinschaute. Nun aß er eifrig. Sie stocherte mit der Gabel in etlichen Salaten herum.

»Angst um die schlanke Linie?«, fragte er.

»Nein«, erwiderte sie. »Ich habe überhaupt keine Angst.«

»Das ist viel wert«, sagte er.

Sie betrachteten einander prüfend, schwiegen und aßen weiter. Da erschien Fleischermeister Külz auf der Bildfläche, samt Knotenstock und Koffer, und sah sich suchend um. Als er Fräulein Trübner entdeckte, leuchteten seine Züge auf. Er wanderte vorsichtig über das spiegelglatte Parkett, bis er vor ihrem Tische stand. Er verbeugte sich und fragte, ob es gestattet sei.

Sie lächelte behutsam und nickte.

»Külz«, sagte der alte Tiroler und lüftete den Veloursbut.

»Struve«, erklärte der junge Mann.

Der Fleischermeister nahm Platz und sah sich in der Gegend um. »Aha! Hier ist Selbstbedienung. Wie in der Volksküche.« Er erhob sich wieder. »Darf ich Sie bitten, gut auf meinen Koffer zu achten?«,

Das Trajekt läuft in Warnemünde ein. Foto um 1935

fragte er die junge Dame und zwinkerte bedeutsam mit den Augen. Dann entfernte er sich.

»Sie kennen den Mann?«, fragte Struve.

»Seit gestern. Ein hochanständiger Mensch.«

»Mir gegenüber sind Sie weniger vertrauensselig.«

Sie setzte sich kerzengerade und sagte hoheitsvoll: »Alles zu seiner Zeit!«

Er schwieg und beschäftigte sich mit seinem Geflügelsalat.

Dann kehrte Papa Külz zurück. Er balancierte einen schwer beladenen Teller, schielte nach seinem Koffer und sank erschöpft in den Stuhl. »Das reinste Delikatessengeschäft«, behauptete er. »Ich fürchtete schon, ich käme wegen der blöden zweiten Zollkontrolle überhaupt nicht mehr zum Essen!«

»Weswegen?«, fragte der junge Mann.

»Wegen der zweiten Zollkontrolle«, sagte Külz. »Auf den deutschen Dampfern gibt's das nicht. Nur auf den dänischen. Na ja, das macht die Bürokratie. Und die doppelte Buchführung.« Er lachte gutgelaunt und verlegte sich aufs Essen.

»Eine zweite Zollkontrolle?«, fragte Struve. »Wann denn?«

Külz kaute. »Vor zehn Minuten. Ein Mensch mit einem abscheulichen Gesicht war's. Er hatte eine Pelerine um. War er denn nicht auch bei Ihnen?«

»Nein«, flüsterte Fräulein Trübner. »Bei uns war er nicht, Herr Külz.«

»Hier scheint man individuell behandelt zu werden«, stellte Rudi Struve fest. »Ich beginne zu glauben, dass die zweite Kontrolle in einem einzigen Abteil stattgefunden hat.«

Fräulein Trübner hatte an Deck Platz genommen. Die Stühle neben ihr waren leer. Der Wind pfiff, und die Wolken hatten es eilig. Am Horizont schwankte ein Fischkutter. Manchmal verschwand er hinter glasgrünen Wellenbergen. Manchmal wurde er hoch emporgehoben. Bis an den Himmel hinan.

Schwere Schritte näherten sich. Sie wandte den Kopf.

Es waren Külz und Struve.

Der junge Mann hatte den alten Mann untergefasst, als führe er einen Kranken. Den Koffer trug er außerdem. Ein Stück weißes Leinen schaute heraus.

Külz setzte sich neben die junge Dame. »Fort!«, sagte er nur. »Fort!«

»Man muss augenblicklich den Kapitän verständigen«, meinte Herr Struve energisch. »Die zweite Zollkontrolle war ein Bluff. Herr Külz ist bestohlen worden. Niemand darf in Warnemünde das Schiff verlassen, bevor er von der Polizei untersucht worden ist.«

»Mischen Sie sich, bitte, nicht in meine Angelegenheiten!«, sagte Fräulein Trübner.

»Wieso in Ihre Angelegenheiten?«, fragte er. »Herr Külz ist bestohlen worden, nicht Sie!«

»Doch sie!«, murmelte der Fleischermeister. »Doch das Fräulein! Die Miniatur gehörte doch ihr!«

»Die Miniatur? (…) Und Sie weigern sich trotzdem, dass ich den Kapitän verständige?«

»Ich weigere mich ganz entschieden!«

Papa Külz hatte die Hände vors Gesicht gelegt und schüttelte den Kopf. »Oh, sind die Menschen schlecht«, stöhnte er. »Mich so zu betrügen! Der Zollbeamte war falsch! Und der Fahrgast, der von der zweiten Kontrolle zu reden anfing, war falsch!«

»Beruhigen Sie sich, lieber Herr Külz«, sagte Fräulein Irene Trübner. »Die Miniatur war auch falsch!«

Über das Reisen

Mintzlaff setzte langsam die Tasse nieder, lehnte sich in dem sanftgeblümten Ohrenstuhl zurück und blickte, während er die Lider senkte, hinter den kleinen freundlichen Empfindungen, die in ihm schwebten, drein, als wären es bunte Kinderballons an einem inwendigen Himmel.

Du müsstest öfter reisen, sprach er zu sich selber. Nicht aus geographischen Erwägungen; nicht wegen irgendwelcher Fernsichten, Gletscher, Gemäldegalerien, Tropfsteinhöhlen und Ritterburgen. Du müsstest öfter reisen, um zuweilen nicht daheim zu sein. Nur unterwegs erfährt man das Gefühl märchenhafter Verwunschenheit. Nur der Fremdling ist einsam und fröhlich in einem!

Ihm war nicht ganz klar, ob diese einigermaßen romantische Deutung des Reisens nur für Menschen Geltung hatte, die, wie er, eigentlich lieber zu Hause blieben; es reizte ihn im Augenblick auch gar nicht, der Frage auf den Grund zu gehen.

Im Auto über Land

An besonders schönen Tagen
ist der Himmel sozusagen
wie aus blauem Porzellan.
Und die Federwolken gleichen
weißen, zart getuschten Zeichen,
wie wir sie auf Schalen sahn.

Alle Welt fühlt sich gehoben,
blinzelt glücklich schräg nach oben
und bewundert die Natur.
Vater ruft, direkt verwegen:
»'n Wetter, glatt zum Eierlegen!«
(Na, er renommiert wohl nur.)

Und er steuert ohne Fehler
über Hügel und durch Täler.
Tante Paula wird es schlecht.
Doch die übrige Verwandtschaft
blickt begeistert in die Landschaft.
Und der Landschaft ist es recht.

Um den Kopf weht eine Brise
von besonnter Luft und Wiese,
dividiert durch viel Benzin.
Onkel Theobald berichtet,
was er alles sieht und sichtet.
Doch man sieht's auch ohne ihn.

Den Gesang nach Kräften pflegend
und sich rhythmisch fortbewegend
strömt die Menschheit durchs Revier.
Immer rascher jagt der Wagen.
Und wir hören Vatern sagen:
»Dauernd Wald, und nirgends Bier.«

Aber schließlich hilft sein Suchen.
Er kriegt Bier. Wir kriegen Kuchen.
Und das Auto ruht sich aus.
Tante schimpft auf die Gehälter.
Und allmählich wird es kälter.
Und dann fahren wir nach Haus.

Ein Wochenende wie Himbeeren mit Schlagsahne

Als die Mutter gemerkt hat, dass Lottchen nicht mehr so häuslich und in der Schule nicht mehr so fleißig ist, dafür aber quirliger und lustiger als früher, da ist sie in sich gegangen und hat zu sich selber also gesprochen: »Luiselotte, du hast aus einem fügsamen kleinen Wesen eine Haushälterin gemacht, aber kein Kind! Kaum war sie ein paar Wochen mit Gleichaltrigen zusammen, im Gebirge, an einem See – schon ist sie geworden, was sie immer hätte sein sollen: ein lustiges, von deinen Sorgen wenig beschwertes kleines Mädchen! Du bist viel zu egoistisch gewesen, pfui! Freu dich, dass Lottchen heiter und glücklich ist! Mag sie getrost beim Abwaschen einen Teller zerschmettern! Mag sie sogar von der Lehrerin einen Brief heimbringen: ›Lottes Aufmerksamkeit, Ordnungsliebe und Fleiß lassen neuerdings leider bedenklich zu wünschen übrig. Die Mitschülerin Anni Habersetzer hat von ihr gestern schon wieder vier heftige Watschen erhalten.‹ Eine Mutter hat – und hätte sie noch so viele Sorgen – vor allem die Pflicht, ihr Kind davor zu bewahren, dass es zu früh aus dem Paradies der Kindheit vertrieben wird!«

So und ähnlich hat Frau Körner ernst zu sich selber gesprochen, und eines Tages schließlich auch zu Fräulein Linnekogel, Lottes Klassenlehrerin. »Mein Kind«, hat sie gesagt, »soll ein Kind sein, kein zu klein geratener Erwachsener! Es ist mir lieber, sie wird ein fröhlicher, leidenschaftlicher Racker, als dass sie um jeden Preis Ihre beste Schülerin bleibt!«

»Aber früher hat Lotte doch beides recht gut zu vereinbaren gewusst«, hat Fräulein Linnekogel, leicht pikiert, erklärt.

»Warum sie das jetzt nicht mehr kann, weiß ich nicht. Als berufstätige Frau weiß man überhaupt zu wenig von seinem Kind. Irgendwie muss es mit den Sommerferien zusammenhängen. Aber eines weiß und sehe ich: *Dass* sie's nicht mehr kann! Und das ist entscheidend!«

Fräulein Linnekogel hat energisch an ihrer Brille gerückt. »Mir, als der Erzieherin und Lehrerin ihrer Tochter, sind leider andere Ziele gesteckt. Ich muss und werde versuchen, die innere Harmonie des Kindes wiederherzustellen!«

»Finden Sie wirklich, dass ein bisschen Unaufmerksamkeit in der Rechenstunde und ein paar Tintenkleckse im Schreibheft –«

»Ein gutes Beispiel, Frau Körner! Das Schreibheft! Gerade Lottes Schrift zeigt, wie sehr das Kind die, ich möchte sagen, seelische Balance verloren hat. Aber lassen wir die Schrift beiseite! Finden Sie es in Ordnung, dass Lotte neuerdings Mitschülerinnen prügelt?«

»Mitschüler*innen*?« Frau Körner hat die Endung sehr betont gehabt. »Meines Wissens hat sie nur die Anni Habersetzer geschlagen.«

»Nur?«

»Und diese Anni Habersetzer hat die Ohrfeigen redlich verdient! Von irgendwem muss sie sie ja schließlich kriegen!«

»Aber Frau Körner!«

»Ein großes, gefräßiges Ding, das seine Gehässigkeit heimlich an den Kleinsten der Klasse auszulassen pflegt, sollte von der Lehrerin nicht noch in Schutz genommen werden.«

»Wie bitte? Wirklich? Davon weiß ich ja gar nichts!«

»Dann fragen Sie nur die arme kleine Ilse Merck! Vielleicht erzählt die Ihnen einiges!«

»Und warum hat mir Lotte nichts gesagt, als ich sie bestraft habe?«

Da hat sich Frau Körner ein wenig in die Brust geworfen und geantwortet: »Dazu fehlt es ihr wohl an der, um mit Ihnen zu sprechen, seelischen Balance!« Und dann ist sie in den Verlag gesaust. Um zurechtzukommen, hat sie ein Taxi nehmen müssen. Zwei Mark dreißig. Ach, das liebe Geld!

Am Samstagmittag hat Mutti plötzlich den Rucksack gepackt und gesagt: »Zieh die festen Schuhe an! Wir fahren nach Garmisch und kommen erst morgen Abend zurück!«

Luise hat ein bisschen ängstlich gefragt: »Mutti – wird das nicht zu teuer?«

Der Frau Körner hat es einen kleinen Stich gegeben. Dann hat sie gelacht. »Wenn das Geld nicht reicht, verkauf ich dich unterwegs!«

Das Kind hat vor Wonne getanzt. »Fein! Wenn du dann das Geld hast, lauf ich den Leuten wieder weg! Und wenn du mich drei- bis viermal verkauft hast, haben wir so viel, dass du einen Monat nicht zu arbeiten brauchst!«

»So teuer bist du?«

»Dreitausend Mark und elf Pfennige! Und die Mundharmonika nehm ich auch mit!«

Das wurde ein Wochenende – wie lauter Himbeeren mit Schlagsahne! Von Garmisch wanderten sie über Grainau an den Baadersee. Dann an den Eibsee. Mit Mundharmonika und lautem Gesang. Dann ging's durch hohe Wälder bergab. Über Stock und Stein. Walderdbeeren fanden sie. Und schöne, geheimnisvolle Blumen. Lilienhaften Türkenbund und vielblütigen lilafarbenen Enzian. Und Moos mit kleinen spitzen Helmen auf dem Kopf. Und winzige Alpenveilchen, die so süß dufteten, dass man's gar nicht fassen konnte!

Abends gerieten sie in ein Dorf namens Gries. Dort nahmen sie ein Zimmer mit *einem* Bett. Und als sie, in der Gaststube aus dem Rucksack futternd, mächtig geabendbrotet hatten, schliefen sie zusammen in dem Bett! Draußen auf den Wiesen geigten die Grillen eine kleine Nachtmusik …

Am Sonntagmorgen zogen sie weiter. Nach Ehrwald. Und Lermoos. Die Zugspitze glänzte silberweiß. Die Bauern kamen in ihren Trachten aus der Kirche. Kühe standen auf der Dorfstraße, als hielten sie einen Kaffeeklatsch.

Übers Törl ging's dann. Das war ein Gekraxel, sakra, sakra! Neben einer Pferdeweide, inmitten Millionen von Wiesenblumen, gab's gekochte Eier und Käsebrote. Und als Nachtisch einen kleinen Mittagsschlaf im Grase.

Später stiegen sie zwischen Himbeersträuchern und gaukelnden Schmetterlingen zum Eibsee hinunter. Kuhglocken läuteten den Nachmittag ein. Die Zugspitzbahn sahen sie in den Himmel kriechen. Der See lag winzig im Talkessel.

»Als ob der liebe Gott bloß mal so hingespuckt hätte«, sagte Luise versonnen.

Eibsee mit Hotel und Zugspitze, um 1935

Im Eibsee wurde natürlich gebadet. Auf der Hotelterrasse spendierte Mutti Kaffee und Kuchen. Und dann wurde es höchste Zeit, nach Garmisch zurückzumarschieren.

Vergnügt und braungebrannt saßen sie im Zug. Und der nette Herr gegenüber wollte unter gar keinen Umständen glauben, dass das junge Mädchen neben Luise die Mutti und noch dazu eine berufstätige Frau sei!

Zu Hause fielen sie wie die Plumpsäcke in ihre Betten. Das Letzte, was das Kind sagte, war: »Mutti, heute war es so schön – so schön wie nichts auf der Welt!« Die Mutti lag noch eine Weile wach. So viel leicht erreichbares Glück hatte sie bis jetzt ihrem kleinen Mädchen vorenthalten! Nun, es war noch nicht zu spät. Noch ließ sich alles nachholen!

Dann schlief auch Frau Körner ein. Auf ihrem Gesicht träumte ein Lächeln. Es huschte über ihre Wangen, wie der Wind übern Eibsee.

Das Kind hatte sich verändert. Und nun begann sich also auch die junge Frau zu verändern.

Der September

Das ist ein Abschied mit Standarten
aus Pflaumenblau und Apfelgrün.
Goldlack und Astern flaggt der Garten,
und tausend Königskerzen glühn.

Das ist ein Abschied mit Posaunen,
mit Erntedank und Bauernball.
Kuhglockenläutend ziehn die braunen
und bunten Herden in den Stall.

Das ist ein Abschied mit Gerüchen
aus einer fast vergessenen Welt.
Mus und Gelee kocht in den Küchen.
Kartoffelfeuer qualmt im Feld.

Das ist ein Abschied mit Getümmel,
mit Huhn am Spieß und Bier im Krug.
Luftschaukeln möchten in den Himmel.
Doch sind sie wohl nicht fromm genug.

Die Stare gehen auf die Reise.
Altweibersommer weht im Wind.
Das ist ein Abschied laut und leise.
Die Karussells drehn sich im Kreise.
Und was vorüber schien, beginnt.

Seltsame Begegnungen

Neulich war ich mit einem Schweizer Kollegen in Frankfurt am Main. Eigentlich wollten wir ganz woanders hin. Doch lässt sich dergleichen heute nicht abzirkeln. Man muss froh sein, wenn man überhaupt irgendwohin gerät! Wir gerieten also nach Frankfurt. Und auch dort kann man, wie überall in der Welt, seine Erfahrungen sammeln. So lernten wir beispielsweise in einem amtlichen amerikanischen Büro einen deutschen Angestellten kennen, der außerstande war, mit deutsch sprechenden Zivilisten, das heißt mit seinesgleichen, zu verhandeln. Fremdsprachige Uniformen rissen ihn um, uns jedoch hätte er am liebsten seine Stiefel zum Putzen hingehalten. Vielleicht weiß er nichts von seinem Glück – aber um ein Haar hätte er gleichzeitig eine reichsdeutsche und eine schweizerische Ohrfeige erwischt. Es war gut, dass es nicht dazu kam. Denn sonst hätte unsere Reise wahrscheinlich länger gedauert, als vorgesehen war.

Gott sei Dank, dass wir auch erfreulichere Landsleute trafen. Einer saß mitten in der ehemaligen, unvergesslichen Altstadt Frankfurts, die, vom Hirschgraben über den Römerberg bis zum Dom, in eine weithin übersehbare, atemberaubende Steinwüste verwandelt worden ist. Die Gassen sind verschwunden. Wir kletterten wie in den Bergen über schmale, holprige Saumpfade und standen gelegentlich still, um zu verschnaufen, die Köpfe zu schütteln und mittelalterliche Renaissancegiebelreste anzustarren, die wie die letzten bröckelnden Zahnstümpfe aus einem toten Unterkiefer herausstachen. Dann stolperten wir benommen weiter. Bis wir von neuem, diesmal völlig perplex, stehenblieben. Hypnotisiert blickten wir auf eine mannshohe, waschblau eingefärbte Mauer, neu errichtet und mit weißen Pinselstrichen so gekästelt, als sei es eine Wand aus lauter blauen Ziegeln. Blaue Illusionsziegel, welche Idee! In der Mauermitte war ein Torbogen ausgespart, der in ein Höfchen und in ein aus Resten und Zugetragenem gefügtes kleines Seitengebäude mit einer ochsenblutroten Tür führte. Vor der Mauer lag, von einem Weg aus Steinplatten säuberlich halbiert, ein gepflegtes Blumengärtchen, und am Gartenzaune hing ein Briefkasten mit einem Schild, auf dem der Name des Besitzers stand: »O. Schmidt«.

O. Schmidt! Der waschblaue, skurrile »Neubau« lag samt seinen blühenden Blumen geduckt in der staubigen, gelbgrauen Trümmerwüste wie der vom Himmel gefallene Traum eines beschwipsten Surrealisten. Wenige Meter davon ragte ein spindeldürrer Renaissancegiebel in die Luft. Es sah aus, als müsste er schon einstürzen, wenn ein Passant auch nur zu husten wagen sollte. »Heute oder morgen wird der Giebel genau auf die waschblaue Fata Morgana herunterfallen«, meinte ich.

»Das wird Ihn' der Giewel nich machn«, sagte da jemand neben uns. Es war ein älterer Mann. Er saß vor dem Zaun auf einem porphyrnen Säulenreste und studierte die »Frankfurter Rundschau«. »Wenn der Giewel umfälld, dann fälld'r dodsichr nach der andrn Seihde«, fuhr er, uns beruhigend, fort. Es war Herr O. Schmidt, der sächsische Erbauer dieses Frankfurter Waschblauheims. Er hatte ein Eulenspiegelgesicht und meinte freundlich: »Dr Bohden hier is guhd. Die Erbsen habb'ch erschd vor achd Dahchn geflansd, und, guggn Se – da kommse ooch schonn 'raus!« – »Merkwürdiger Gedanke, hier zu bauen«, fand mein Schweizer. Der Sachse lächelte ein wenig. »Warum'n nich?«, fragte er. »Hier hamm'r doch alles! Hier gibd's genuch Wassr und Lichd und Lufd, und iewerhaubd alles, was uns dr Dogder Ley seinerzeihd verschbrochn had! Was wolln Se denn noch mehr?« Damit beugte er sich wieder über seine Zeitung.

Als wir, über Trümmer kletternd, außer Hörweite waren, sagte der Schweizer: »Diogenes in Frankfurt!« – »Ja«, erwiderte ich, »und noch dazu aus Kötschenbroda!«

Das Haus Erinnerung

Das Haus Erinnerung hat tausend Türen.
Und du hast doch den Weg umsonst gemacht.
Du weißt nicht mehr, wohin die Türen führen.
Und in den Korridoren lehnt die Nacht.

Was einmal war, hier lebt es fort für immer,
auch wenn du selbst es lang vergessen hast.
Das Haus Erinnerung hat tausend Zimmer.
Und du kommst doch als ungebetner Gast.

Das Haus Erinnerung hat tausend Stufen,
waagrechte Säulen der Vergangenheit.
Geh fort von hier. Man hat dich nicht gerufen.
Dien du nur deinem Herrn und Knecht: der Zeit.

Anhang

Anmerkungen

Die bibliographischen Angaben nach den einzelnen Texten geben die Quelle an, der der Text entnommen wurde. Zusätzlich werden Ort und Zeit des Erstdrucks genannt. Für weitergehende Angaben sei auf die Kästner-Bibliographie verwiesen: Johan Zonneveld, *Bibliographie Erich Kästner.* Band I–III. Aisthesis Verlag, Bielefeld 2011, 2443 S.

Ohne Verfassernennung aufgeführte Werke sind von Erich Kästner. Auslassungen innerhalb der ausgewählten Textpassagen sind mit Klammern (...) gekennzeichnet.

Kästners Werke für Erwachsene sind in gebundenen Einzelausgaben lieferbar im Atrium Verlag und nahezu vollständig in Taschenbuchausgaben bei dtv. Die Bücher für Kinder liegen im Dressler Verlag vor. Die 1998 erschienene neunbändige Werkausgabe ist lieferbar im dtv: Erich Kästner, *Werke.* Herausgegeben von Franz Josef Görtz. Band I–IX, Deutscher Taschenbuch Verlag, München 2004. Dient sie als Textvorlage, erscheint in den bibliographischen Angaben die jeweilige Band- und Seitenzahl (II, S. 275 f.).

Vorbemerkung

(Seitenangaben ohne Nennung einer Quelle beziehen sich auf die vorliegende Ausgabe.)

»Die Welt ist rund. Man geht auf Reisen«: S. 38.

»Ich fahre leidenschaftlich gern mit der Eisenbahn«: S. 28.

»diesen atemberaubend grenzenlosen Spiegel ...«, *»Die Welt war anders als daheim und genauso schön«*: S. 22.

»der drohenden Gehirnerweichung«: S. 44.

»Eine idealere Vereinigung verschiedener Schönheiten ... nicht ausdenkbar«: S. 36.

In Halbschuhen auf die Jungfrau: wieder abgedruckt in Sylvia List (Hrsg.), *Kästner im Schnee*. Geschichten, Gedichte, Briefe von Erich Kästner. Atrium Verlag, Zürich 2009, S. 34–39.

»Märchengipfeln aus blitzend weißem Kristall«: a. a. O., S. 38.

Eibsee: Ende Juli/Anfang August 1933 schrieb Kästner dort, wie er es auch im Vorwort zu seinem »Roman für Kinder« schildert, *Das fliegende Klassenzimmer*. Im Januar 1935 besuchte er den Eibsee von Garmisch aus, Ende Juli 1940 von Hofgastein aus, vermutlich auch im August/September 1942 von Farchant aus und ganz sicher wieder im Mai 1947 von Garmisch aus.

»als ob der liebe Gott bloß mal so hingespuckt hätte«: S. 149.

Münchhausen: hat in Kästners Werk viele Spuren hinterlassen. 1925 entstand das Gedicht *Münchhausen schreibt ein Reisefeuilleton*, 1941 das Drehbuch zu dem berühmten *Münchhausen*-Film mit Hans Albers, 1951 erschien Kästners Nacherzählung *Des Freiherrn von Münchhausen wunderbare Abenteuer zu Wasser und zu Lande*, im selben Jahr schrieb er für das 2. Programm des Kabaretts *Die Kleine Freiheit* ein Chanson mit dem Lügenbaron im Titel.

Der 35. Mai: s. hierzu auch Fabian Beer, *Erich Kästner – ein verhinderter Abenteuerliterat?* in: *Erich Kästner Jahrbuch*. Band 6. Hrsg. von Ruairí O'Brien, Bernhard Meier. Königshausen & Neumann, Würzburg 2010, S. 28–38.

»Man geht auf Reisen, damit sich die Nervosität verliert«: S. 38.

»Halbidiot«: S. 35.

»Herrlich ist es, in die Welt zu fahren ...«: S. 17.

»echte und unbelehrbare Abneigung vorm Reisen«: *Als ich ein kleiner Junge war*, Die Kästners und die Augustins, VII, S. 16.

Fahrt in die Welt

Kabarettpoesie. Nachlese 1929–1953, II, S. 389. Erstdruck: *Die Grüne Post*, Jg. 2,

Nr. 33, 12. 8. 1928, S. 1. 1949 von Edmund Nick vertont.

Fahrten ins Blaue

Die kleine Freiheit, II, S. 275 f. Erstdruck dieser Fassung: *Die Weltwoche*, Zürich, Jg. 20, Nr. 971, 20. 6. 1952, S. 2. Die Erstfassung dieser Geschichte erschien 1946 u. d. T. *Die Fahrt ins Blaue*.

Sommer an der Ostsee

Als ich ein kleiner Junge war, Das Jahr 1914 (Auszug), VII, S. 145–148.
Im Original heißt es in der 2. Zeile »uns beide« anstelle von »meine Mutter und mich«.

Rekord wider Willen

Interview mit dem Weihnachtsmann. Kindergeschichten für Erwachsene. Herausgegeben und mit einem Nachwort versehen von Franz Josef Görtz und Hans Sarkowicz, Carl Hanser Verlag, München / Wien 1998, S. 41. Erstdruck: *Beyers für Alle*, Jg. 1, H. 45, 4. 8. 1927, S. 8.

In der Eisenbahn

Gemischte Gefühle. Literarische Publizistik aus der »Neuen Leipziger Zeitung« 1923–1933, Bd. 2, Atrium Verlag, Zürich 1989, S. 299–301. Erstdruck: *Neue Leipziger Zeitung*, Jg. 3, Nr. 59, 1. 3. 1923, S. 2.
Die Tüte kostet nur 150 Mark: 1923 war die Zeit der Hyperinflation.
Wurzen, Machern: auf der Strecke Dresden–Leipzig kurz vor Leipzig. Von Wurzen bis Machern sind es 8 km. Bei 60 km Stundengeschwindigkeit hätte der Zug für diese Strecke, selbst wenn er zwischendurch noch in Bennewitz und Altenbach gehalten hätte, kaum mehr als gute 20 Minuten gebraucht. Nicht viel Zeit für einen Versicherungsvertreter, der einen Abschluss tätigen will …

Eisenbahnfenster

Erstdruck: *Leipziger Tagblatt*, Jg. 118, Nr. 90, 13. 4. 1924, Unterhaltungsbeilage, und *Neue Leipziger Zeitung*, Jg. 4, Nr. 104, 13. 4. 1924, Unterhaltungsbeilage, S. 17. Kästner war erst seit Februar Redakteur bei der *Neuen Leipziger Zeitung*, aber offensichtlich schon sehr geschickt darin, seine Texte gleichzeitig bei mehreren Blättern unterzubringen. *Eisenbahnfenster* ist einer jener frühen Texte, die noch gar nicht den typischen Kästnerton haben.

Fußnoten zu einer Reise

Der Karneval des Kaufmanns. Gesammelte Texte aus der Leipziger Zeit 1923–1927.

Herausgegeben von Klaus Schuhmann. Lehmstedt Verlag, Leipzig 2004, S. 346–349 (gekürzt). Erstdruck: *Neue Leipziger Zeitung*, Jg. 7, Nr. 124, 6. 5. 1927, S. 6, u. d. Pseud. Peter Flint.

Locarno, im Mai: Vom 17. April bis 8. Mai 1927 unternahm Kästner mit seiner Mutter eine Reise durch Südtirol, Norditalien und den Tessin. Vgl. die Aufzählung der Stationen in *Drei Wochen im Süden* (*Neue Leipziger Zeitung*, Ausschnitt ohne Datum im Nachlass Kästner, Deutsches Literaturarchiv, Marbach am Neckar [DLA]). Abdruck vorgesehen in: *Erich Kästner Jahrbuch*. Band 7, Königshausen & Neumann, Würzburg 2012.

Bracque: Georges Braque, 1882–1963, mit Picasso einer der Väter des Kubismus; seit etwa 1918 wieder gegenständlichere Bilder, vor allem Interieurs und Stillleben.

Eisenbahnfahrt

Nachlese, I, S. 258. Erstdruck dieser – überarbeiteten – Fassung: *Dr. Erich Kästners Lyrische Hausapotheke*, Atrium Verlag, Basel/Wien/Mährisch-Ostrau 1936, S. 101. Die Erstfassung erschien 1929.

Ein Beispiel von ewiger Liebe

Gesang zwischen den Stühlen, I, S. 201 f. Erstdruck: *Vossische Zeitung*, Jg. 20, Nr. 208, 31.8.1930, Unterhaltungsblatt Nr. 203. Abweichungen des Erstdrucks siehe I, S. 442.

Staket: Lattenzaun

Die Badekur

Splitter und Balken, VI, S. 248–252. Erstdruck: *Die Weltbühne*, Jg. 26, Nr. 33, 12. 8. 1930, S. 238–240. Kästner war mit seiner Mutter zur Kur in Bad Nauheim.

mitrale Konfiguration: Verformung der Mitralklappe (zweizipfelige Herzklappe zwischen linkem Vorhof und linker Kammer).

präsystolische Geräusche: Herzgeräusche unmittelbar vor der Systole, dem rhythmischen Zusammenziehen der Herzkammern.

statt nach Weggis oder nach Gilleleje: statt ins Gebirge oder ans Meer; Weggis liegt am Vierwaldstätter See, Gilleleje nördlich von Kopenhagen an der Ostsee. Im August 1926 verbrachte Kästner dort ein paar Tage mit Ilse Julius; in dieser Zeit kam es zur ersten großen Auseinandersetzung, die das Ende ihrer langjährigen Beziehung einleitete.

Sergeant Waurich: In dem gleichnamigen Gedicht in *Lärm im Spiegel* hat Kästner diesem Rekrutenschinder ein Denkmal gesetzt.

Erfinder des Fleischextrakts: Justus von Liebig, 1803–1873, dessen Geburtsort Darmstadt war.
Entdecker des Bunsenbrenners: der Chemiker Wilhelm von Bunsen, 1811–1899, der in Heidelberg starb. Der Bunsenbrenner, ein vielen aus der Schulzeit vage bekannter Gasbrenner, besteht aus einem kurzen Rohrstück, in dem das Gas empor strömt und dabei durch regulierbare Öffnungen die Verbrennungsluft mit ansaugt.
die drei Fratellini: Paul, François und Albert Fratellini, die berühmtesten Clowns ihrer Zeit, waren 1930 auf Deutschlandtournee.

Das Herz im Spiegel

Gesang zwischen den Stühlen, I, 219f. Erstdruck: *Die Weltbühne*, Jg. 28, Nr. 27, 5.7.1932, S. 28.
Orthodiagramm: perspektivisch korrekte Röntgendarstellung der Lage und Größe des Herzens.
Wer nie sein Herz im Spiegel sah: Anspielung auf das berühmte – oft vertonte und oft parodierte – Lied des Harfners »Wer nie sein Brot mit Tränen aß« aus *Wilhelm Meisters Lehrjahre*, 2. Buch, 13. Kap. von Goethe.

An einen Kurdirektor

Dieses Naja!, wenn man das nicht hätte! Ausgewählte Briefe von 1909 bis 1972. Herausgegeben von Sven Hanuschek. Atrium Verlag, Zürich 2003, S. 502. Der originale Briefdurchschlag liegt im Nachlass Kästner im DLA.
wiederholten Aufenthalten: 1930 und 1932 kurte Kästner zusammen mit seiner Mutter in Bad Nauheim.
in den ersten zwanziger Jahren: kein Nachweis.
Professor Grödel: Prof. Dr. Franz Maximilian Groedel, 1881 (Bad Nauheim) – 1951 (New York), bedeutender Kardiologe und Röntgenologe, Gründer des Kerckhoff-Instituts in Bad Nauheim (heute: Max-Planck-Institut für Herz- und Lungenforschung). Musste 1933 aus rassischen Gründen emigrieren, gründete in den USA das American College of Cardiology.

Pfingsten am Meer

Gemischte Gefühle, Bd. 2, S. 301–305 (gekürzt). Erstdruck: *Neue Leipziger Zeitung*, Jg. 3, Nr. 137, 19.5.1923.

Nächtliches Rezept für Städter

Ein Mann gibt Auskunft, I, S. 157. Erstdruck: *Vossische Zeitung*, Nr. 227, 22.9.1929, Unterhaltungsblatt Nr. 222.

Hotelsolo für eine Männerstimme

Nachlese, I, S. 233. Erstdruck: *Die Weltbühne,* Jg. 28, Nr. 45, 8. 11. 1932, S. 688. Erste Buchausgabe: *Doktor Erich Kästners Lyrische Hausapotheke.*

Leute auf Reisen

Gemischte Gefühle, Bd. 2, S. 312 – 316. Erstdruck: *Neue Leipziger Zeitung,* Jg. 8, Nr. 205, 24. 7. 1928, S. 2. Im Juli 1928 unternahm Kästner mit seiner Mutter eine mehrwöchige Reise durch die Schweiz.

Was macht der Sigi denn auf dem Rigi?: Sollte es sich wirklich um Schweizer Jünglinge gehandelt haben, dürften sie gesungen haben »auf *der* Rigi«. Eine Feinheit des Schweizerischen, die Kästner vielleicht entgangen ist.

Wilhelm: Wilhelm Tell. »Mach hurtig, Jenni! Zieh die Naue ein!« ist die – 1928 noch jedem Gymnasiasten wohlbekannte – erste Dialogzeile in der 1. Szene des gleichnamigen Schauspiels von Friedrich Schiller.

Ballade vom Defraudanten

Herz auf Taille, I, S. 28f. Erstdruck: *Die Große Welt,* Jg. 1, H. 10, Januar 1925, S. 48, u. d. T. *Die Defraudanten-Ballade* und u. d. Pseud. Bänkelsänger Urban. Im Erstdruck fehlt die Anmerkung.

Defraudant: Person, die eine Unterschlagung (Defraudation) begeht.

Franz Moor: In Schillers Drama *Die Räuber* intrigiert Franz Moor gegen seinen erbberechtigten älteren Bruder Karl.

Lysol: aus Teerseifenlösung destilliertes Desinfektionsmittel; unverdünnt angewendet ätzend und giftig.

Sächsische Edelvaluta

Erstdruck: *Neue Leipziger Zeitung,* Jg. 7, Nr. 206, 28. 7. 1927, S. 3.

Edelvaluta: Bezeichnung für werthaltige, wertbeständige und begehrte Zahlungsmittel (z. B. sog. Goldkernwährungen). Der Ausdruck war populär in der Inflations- und Nachinflationszeit in den 20er-Jahren des vorigen Jahrhunderts als Gegenbegriff zur wertlos gewordenen »Papiermark«. In der Schwarzmarktzeit nach dem 2. Weltkrieg galten auch begehrte Waren wie Zigaretten und Kaffee als Edelvaluta. Die Sächsische Edelvaluta – die lt. Kästner von der Sächsischen Staatsbank, nach anderen Quellen von der Sächsischen Bank zu Dresden (und erst ab 1936 von der Sächsischen Staatsbank) ausgegeben wurde – hatte diese Bezeichnung sicher objektiv verdient, auch wenn man sie 1927 in Berlin nur mit spitzen Fingern anfasste.

Jardin du Luxembourg

Herz auf Taille, I, S. 46 f. Erstdruck: *Herz auf Taille*. 2. erw. Auflage, Leipzig 1929. In dieser 2. Auflage wurden die u. a. von leitenden Herren des Börsenvereins des Deutschen Buchhandels als obszön beanstandeten Zeichnungen Erich Ohsers weggelassen und durch insgesamt acht neu aufgenommene Gedichte ersetzt. Vom 19. bis 28. Mai 1929 unternahm Kästner mit Ilse Julius und Erich Ohser eine Parisreise. Am 21. Mai 1929 schrieb er seiner Mutter auf einer Ansichtskarte: »Ich sitz schon wieder im Parc du Luxembourg. Heute früh waren wir im Louvre, Bilder beklotzt[!]. Hier ist's schöner, Kinder, wohin man sieht. Ich mach grad ein Gedicht drüber.«

Eine Stadt wird erobert

Gemischte Gefühle, Bd. 2, S. 325–330. Erstdruck: *Neue Leipziger Zeitung*, Jg. 9, Nr. 159, 8. 6. 1929, S. 3 f., mit Illustrationen von Erich Ohser.

Utrillo: Maurice Utrillo, 1883–1955, bekannt vor allem durch seine Bilder von Straßen, besonders des Montmartre und dörflicher Vorstädte.

Mein Kompagnon von der zeichnerischen Fakultät: Erich Ohser.

Zwischen hier und dort

Die kleine Freiheit, II, S. 315 f. (gekürzt). Erstdruck: *Die Weltwoche*, Zürich, Jg. 20, Nr. 973, 4. 7. 1952.

Pola Negri: 1897–1987, Stummfilmstar in Deutschland wie in den USA. Anfang der 30er-Jahre drehte sie einige Tonfilme für die UFA unter der Regie von Willy Forst. 1938 ging sie endgültig in die USA. Kästner hatte seine etwas divenhafte Katze – »angoraschwarz mit grünen Augen« – nach ihr benannt. (*Meine Katzen*, in: Erich Kästner (Hrsg.), *Oh diese Katzen*. Geschildert in 34 Fotos. Mit praktischen Ratschlägen von Paul Leyhausen. Umschau Verlag, Frankfurt/Main 1959, S. 7)

auf meinem Balkon: Kästner wohnte damals in der Fuchsstraße 2 in München-Schwabing.

Curare: Pfeilgift.

Laurens: Zigarettenmarke.

Wahres Geschichtchen

Der tägliche Kram, II, S. 182–184. Erstdruck: *Die Neue Zeitung*, Jg. 4, Nr. 69, 28. 8. 1948, Feuilleton- und Kunstbeilage, S. 3.

Film: 1948 wurden in Tirol zwei Filme gedreht, die im Dritten Reich spielen, *Die Frau am Weg* (Regie: Eduard von Borsody) und *Die Söhne des Herrn Gaspary* (Regie:

Rolf Meyer). S. dazu den ausführlichen Kommentar in II, S. 447.

Wir spielen »Verreisen«

Erstdruck: *Die Grüne Post*, Jg. 1, Nr. 9, 5. 6. 1927, Kinderseite.
Waschgeschirr: Waschschüssel.
Thalatta: Meer (altgriech.).

Goldne Worte kurz vor Abfahrt

Erstdruck: *Beyers für Alle*, Jg. 2, H. 10, 8. 12. 1927, S. 8.

Frau Fabian reist ab

Fabian. Die Geschichte eines Moralisten, 13. Kap. (Auszug), III, S. 119–121. Erstdruck: *Fabian. Die Geschichte eines Moralisten*, Deutsche Verlags-Anstalt, Stuttgart/Berlin 1931. Im Original beginnt die ausgewählte Textpassage mit »Er« anstelle von »Fabian«.
Preisausschreiben: In seiner Zeit als Redakteur der Neuen Leipziger Zeitung hatte Kästner Preisausschreiben entwickeln und die Einsendungen sichten müssen – Tätigkeiten, die er als lästig empfand und in unangenehmster Erinnerung hatte.
Meister muss sich immer plagen. Von Schiller: Zitat aus *Das Lied von der Glocke*, das die bedauernswerten Gymnasiasten zu jener Zeit noch auswendig lernen mussten.

Nur fort von hier!

Fabian. 21. Kap. (Auszug), III, S. 178–181.

Das Eisenbahngleichnis

Gesang zwischen den Stühlen, I, S. 209 f. Erstdruck: *Simplicissimus*, Jg. 36, Nr. 19, 10. 8. 1931, S. 224. Viele Leser fragten an, was in diesem Gedicht der Schaffner zu bedeuten habe. Im Nachlass Kästner im DLA liegt ein Typoskript vom 24. 3. 1969, in dem der Autor leicht genervt antwortet:

> Ich hab vor einigen Wochen
> mit dem Schaffner des Zugs
> gesprochen.
> Ich hab ihn gefragt: »Was soll'n Sie
> bedeuten?«
> Da hat er mürrisch gesagt:
> »Sagen Sie, bitte, den Leuten,
> da hilft keine Frage und keine
> Ermahnung,
> ich habe nicht die geringste
> Ahnung.«

Zit. nach *Erich Kästner*. Dargestellt von Sven Hanuschek. Rowohlt Taschenbuch Verlag, Reinbek bei Hamburg, September 2004, S. 134.

Die Ewigkeit in Zahlen

Gemischte Gefühle, Bd. 2, S. 336 f. Erstdruck: *Neue Leipziger Zeitung*, Jg. 12, Nr. 30,

30. 1. 1932, S. 2. In seinem Vorwort zu *Kurz und bündig* zitiert Kästner das Marterl (in leicht abgewandelter Form) als Musterbeispiel für ein gelungenes Epigramm.

Ball im Osten: Täglich Strandfest

Gesang zwischen den Stühlen, I, S. 193 f. Erstdruck: *Die Weltbühne*, Jg. 27, Nr. 10, 10. 3. 1931, S. 359. Im Erstdruck fehlt die folgende Anmerkung, die Kästner 1932 in der Buchausgabe einfügte: »Das Gedicht hat nur noch historische Bedeutung. Das Tragen von Trikots in Vergnügungslokalen wurde mittlerweile, wohl zur Behebung der Arbeitslosigkeit, von der Regierung verboten.«
Hemigloben: Halbkugeln, hier ironisch für das wohlgerundete Gesäß.

Ferien und Menschenkunde

Gemischte Gefühle, Bd. 2, S. 330 – 332. Erstdruck: *Neue Leipziger Zeitung*, Jg. 9, Nr. 222, 10. 8. 1929, S. 2.
Weltmeisterin des Florettfechtens, Helene Mayer: bekannt als »die blonde He«, 1910 – 1953, seit 1925 konkurrenzlose Deutsche Meisterin, Goldmedaillengewinnerin 1928 in Amsterdam, 1929 Europameisterin. Studium in den USA. Als Halbjüdin 1933 aus ihrem Fechtklub ausgeschlossen, Streichung des Auslandsstipendiums, das von amerikanischen Förderern übernommen wurde. Bewahrte durch ihre Teilnahme als »Ehren-Arierin« Deutschland 1936 vor einem Boykott der Olympischen Spiele; sie errang die Silbermedaille. 1937 in Paris Gewinn der Weltmeisterschaft, was in Deutschland totgeschwiegen wurde. Rückkehr in die USA. 1952 Heimkehr nach Deutschland.
Mensendiecken: eine von der holländisch-amerikanischen Medizinerin Bess Mensendieck (1864 – 1957) entwickelte, auf den anatomischen und physiologischen Erkenntnissen ihrer Zeit basierende Gymnastik, die vor allem die Verbesserung von Körperhaltung und -struktur der Frauen zum Ziel hatte; das »System Mensendieck« fand besonders in Nordeuropa (Deutschland, Holland, Norwegen, Dänemark, Österreich) viele Anhänger(innen).
Udet: Ernst Udet, 1896 – 1941, im 1. Weltkrieg Jagdflieger, danach Kunstflieger und im Flugzeugbau tätig. 1936 Chef des techn. Amtes im Luftfahrtministerium, 1938 Generalluftzeugmeister, 1940 Generaloberst. Nahm sich das Leben, weil Hitler und Göring ihn für den Misserfolg der Luftschlacht um England verantwortlich machten.
alle kriegen braune Haut: Die Doppeldeu-

tigkeit dürfte beabsichtigt gewesen sein: 1929 waren die Nationalsozialisten auch in den Ostseebädern nicht mehr zu übersehen und zu überhören.

Modernes Reiselied

Erstdruck: *Simplicissismus,* Jg. 35, H. 14, 30. 6. 1930, Titelseite.

Die Reisen des Amfortas Kluge

1. Fünf Minuten Nordpol

Der Karneval des Kaufmanns, S. 204–208. Erstdruck: *Die Große Welt,* Jg. 2, H. 20, November 1925, S. 59–61.

Lüsterjackett: Lüster bezeichnet einen leichten glatten Stoff mit Kette aus dunklerem Baumwollgarn und Schuss aus gröberem, hellerem und stark glänzendem Alpaka- oder Mohairgarn. Das ergibt eine schimmernde und farblich leicht changierende Oberfläche.

Frama: angelehnt an *Fram* – das war das Schiff, mit dem Fridtjof Nansen seine Durchquerung des Nordpolarbeckens (1893–1896) und Roald Amundsen seine Expedition zum Südpol (1911–1912) durchführte. Es war bekannt, dass Amundsen die *Fram* für seine Südpolexpedition äußerst komfortabel hatte einrichten und mit reichlichem Proviant aller Art versehen lassen.

Amundsen: Roald Amundsen, 1872–1928, norwegischer Polarforscher, erreichte am 14. 12. 1911 als Erster den Südpol. Im Mai/Juni 1925 hatte er vergeblich versucht, von Spitzbergen aus den Nordpol zu überfliegen. Ein Jahr später sollte ihm dies mit dem Luftschiff *Norge* gelingen.

2. Als Scheuerfrau beim Dalai-Lama

Der Karneval des Kaufmanns, S. 210–213. Erstdruck: *Die Große Welt,* Jg. 2, H. 21, Dezember 1925, S. 19–21. Es ist nicht bekannt, ob Kästner, der schon als kleiner Junge in der Dresdner Volksbibliothek alles las, »was nicht niet- und nagelfest war«, dort auch die Bücher des schwedischen Asienreisenden Sven Hedin kennenlernte. Die von Karl May jedenfalls mochte er nicht, er konnte mit dessen Büchern wohl »nichts anfangen«. (Zitate aus dem Brief an Hans Thalmann, 20. 1. 1967, in: *Dieses Naja!, wenn man das nicht hätte!,* S. 473). Die Werke Sven Hedins aber könnten ihn zu dieser Münchhausiade angeregt haben, sie waren in Deutschland sehr populär: *Durch Asiens Wüsten* (1899), *Im Herzen von Asien* (1903), *Transhimalaja. Entdeckungen und Abenteuer in Tibet* (1909), *Zu Land nach Indien* (1910).

bestiegen als Erste den Mount Everest: Auch in dieser Geschichte gelingt Amfortas

Kluge und Bobby ganz nebenbei, woran Berufenere gescheitert sind. Im Sommer 1924 war George Mallory bei seinem Versuch, den Mount Everest zu besteigen, ums Leben gekommen.

Der Handstand auf der Loreley

Gesang zwischen den Stühlen, I, S. 182f. Erstdruck: *Die Weltbühne*, Jg. 28, Nr. 20, 17.5.1932, S. 753. Kästner spielt an auf Heinrich Heines Gedicht *Ich weiß nicht, was soll es bedeuten*, das 1838 von Friedrich Silcher vertont und zum Volkslied wurde.

Eine Miniatur verschwindet

Die verschwundene Miniatur, 1.–3. Kap. (Auszüge), IV, S. 183–208, 5.–6. Kap. (Auszüge), IV, S. 219–230. Erstdruck: *Die verschwundene* Miniatur, *oder auch: Die Abenteuer eines empfindsamen Fleischermeisters*. Roman, Atrium Verlag, Basel/Wien/Mährisch-Ostrau 1936.

Veloursht: Hut aus einem Stoff mit samtiger Oberseite.

Roeskilde: Roskilde, westlich von Kopenhagen. Vom 10.–15. Jh. königliche Residenz, bedeutender Dom mit Gräbern dänischer Könige.

Malmö: in Südschweden, fast auf einer Höhe mit Kopenhagen, kurze Fährverbindung über den Öresund.

Hamlets Grab: Fleischermeister Külz meint Schloss Kronborg in Helsingör, wo Shakespeares *Hamlet* spielt.

Gilleleje: unweit von Helsingör am nördlichsten Punkt Seelands gelegener Fischer- und Badeort. Siehe auch Anm. zu *Die Badekur*, S. 162, Sp. 2.

Amalienborg: erbaut 1749–1760, Residenz der dänischen Königsfamilie im Zentrum der Stadt.

Holbein der Jüngere: 1497–1543, Maler und Zeichner, vor allem meisterhafter Porträtist, ließ sich nach Aufenthalten in Basel und Frankreich 1532 in London nieder, wo er 1536 zum Hofmaler Heinrichs VIII. ernannt wurde. Er porträtierte dessen Ehefrauen Anne Boleyn, Jane Seymour und Anna von Cleve.

Ann Boleyn: Anne Boleyn, 1507–1536, Geliebte und, seit 1533, zweite Gemahlin Heinrichs VIII. Mutter der späteren Königin Elisabeth I.; wurde wegen – unbewiesenen – Ehebruchs enthauptet.

Ruppiner Bilderbögen: Im brandenburgischen Neuruppin wurden im 19. Jh. die populären »Bilderbögen« gedruckt – heutigen Comics verwandte Bildfolgen »mit kurzen gereimten Texten zur Erbauung, Belehrung, Belustigung und Verbreitung von Nachrichten« (IV, S. 456).

Laaland: Lolland, südlich von Seeland.

Gjedser: Gedser, an der Südspitze der Insel Falster; Fährhafen für die Eisenbahnfähren.
Trajekt: Eisenbahnfährschiff, hier auch: Überfahrt. Das »Trajekt Warnemünde–Gedser«, die älteste Eisenbahnfährverbindung von Deutschland nach Skandinavien, wurde 1903 eingeweiht. In den 20er-Jahren wurden die bis dahin für die Beförderung der Personenzüge eingesetzten eingleisigen Schaufelradfähren durch moderne Fährschiffe ersetzt – »Doppelend«-Fährschiffe mit Bug- und Heckklappe und einer Doppelgleisanlage auf dem Eisenbahndeck sowie mit großzügigen Aufenthaltsräumen, Restaurants und Promenadendeck.
deutsches Trajekt: die *Schwerin,* die 1926 von der Deutschen Reichsbahn in Dienst genommen wurde. 1944 wurde sie, während sie zur Reparatur in der Rostocker Neptun-Werft lag, durch Bombentreffer schwer beschädigt und nicht wieder eingesetzt. Die *Schwerin* hatte 3133 BRT, erreichte 15,5 Knoten, bot Platz für 800 Passagiere und konnte erstmals auch PKWs auf der Achse transportieren (d. h., ohne sie vorher auf die Bahn zu verladen).
dänisches Trajekt: die *Danmark,* ein Schiff der Dänischen Staatsbahnen, 1922–1968 im Einsatz.
Die Miniatur war auch falsch: Wer wissen will, wie es weitergeht, muss den Roman zu Ende lesen!

Über das Reisen

Der Zauberlehrling. Ein Fragment. 1. Kap. (Auszug), III, S. 229. Erstdruck des 1. Kapitels: Hermann Kesten (Hrsg.), *Die schönsten deutschen Erzählungen des zwanzigsten Jahrhunderts.* Eine Anthologie, Kiepenheuer & Witsch Verlag, Köln/Berlin 1956, S. 270–276, u. d. T. *Ein kleiner Zwischenfall.* Entstanden vermutlich 1938, veranlasst durch die Einladung des Autors nach Davos.

Im Auto über Land

Nachlese, I, S. 255 f. Erstdruck: *Doktor Erich Kästners Lyrische Hausapotheke,* S. 172 f.

Ein Wochenende wie Himbeeren mit Schlagsahne

Das doppelte Lottchen, 7. Kap. (Auszug), VIII, S. 208–211. Erstdruck: *Das doppelte Lottchen. Ein Roman für Kinder,* Atrium Verlag, Zürich 1949. Im April 1943 schenkte Kästner seiner Mutter zum Geburtstag das Treatment für einen Kinderfilm mit dem Titel *Das große Geheimnis,* das die UFA wegen des totalen Schreibverbots für den Autor hatte ablehnen müssen.

Es ist der Stoff des »doppelten Lottchens«. Aus dieser Vorgeschichte erklärt sich die Zeitlosigkeit der Handlung: Der Krieg mit allen seinen Folgen ist ausgespart, Österreich und Deutschland sind nicht wie in den Nachkriegsjahren durch eine Grenze getrennt. Der Ausflug von Mutter und Tochter führt nämlich von Bayern (Garmisch, Grainau, Badersee, Eibsee, Griesen) nach Tirol (Ehrwald, Lermoos, Törl) und wieder zurück. Einem heutigen Leser fällt das nicht mehr auf. Er fragt sich allenfalls, ob Mutter und Tochter die ermüdend lange Strecke Garmisch – Grainau nicht doch mit der Bayerischen Zugspitzbahn anstatt zu Fuß zurückgelegt haben.

Baadersee: Badersee

Gries: Griesen

Der September

Die dreizehn Monate, I, S. 310. Erstdruck: *Schweizer Illustrierte Zeitung*, 31. 8. 1953, S. 18.

Seltsame Begegnungen

Neues von Gestern. Gesammelte Schriften für Erwachsene, Droemer Knaur, München/Zürich 1969, Bd. 8, S. 87 f. Erstdruck: *Die Neue Zeitung*, Jg. 2, Nr. 41, 24. 5. 1946, Feuilleton- und Kunstbeilage.

Dogder Ley: Dr. Robert Ley, 1890 – 1945, seit 1933 Führer der Deutschen Arbeitsfront, seit 1934 Reichsorganisationsleiter der NSDAP.

Das Haus Erinnerung

Das Haus Erinnerung. Komödie in einem Vorspiel und drei Akten, V, S. 713. Erstdruck der vollständigen Stückfassung und damit auch dieser Fassung des Gedichts. Entstanden zwischen 1940 und 1943.

Bildnachweis

Deutsches Museum, München: 29.

Fotoarchiv Erich Kästner, RA Beisler: 22, 43, 52, 73, 103.

Sylvia List: 91, 121, 139, 149.

Dank

Wieder gilt mein herzlicher Dank Johan Zonneveld für seine stete freundschaftliche Hilfsbereitschaft, wenn es darum geht, mir die Vorlagen entlegener, bisher in Buchform nicht erschienener Texte zu beschaffen. Weiter danke ich dem Atrium Verlag, vor allem meinem Lektor Tim Jung, für sein Verständnis und seine große Geduld.

Erich Kästner, 1899 in Dresden geboren, begründete gleich mit seinen ersten beiden Büchern seinen Weltruhm: *Herz auf Taille* (1928) und *Emil und die Detektive* (1929). Nach der Machtübernahme der Nationalsozialisten wurden seine Bücher verbrannt, sein Werk erschien nunmehr in der Schweiz beim Atrium Verlag. Erich Kästner erhielt zahlreiche literarische Auszeichnungen, u. a. den Georg-Büchner-Preis. Er starb 1974 in München.

Sylvia List, geboren in Hamburg, Studium der Slawistik und Osteuropäischen Geschichte, arbeitete als Verlagslektorin und Übersetzerin. Heute freie Herausgeberin, u. a. von *Das große Erich Kästner Lesebuch, Kästner im Schnee, Meine Mutter zu Wasser und zu Lande, Morgen, Kinder, wird's nichts geben*. Sie lebt in München.

Erich Kästner im dtv

Doktor Erich Kästners Lyrische Hausapotheke
ISBN 978-3-423-11001-3

Herz auf Taille
Gedichte
Illustr. v. Erich Ohser
ISBN 978-3-423-11003-7

Lärm im Spiegel
Gedichte
Illustr. v. Rudolf Grossmann
ISBN 978-3-423-11004-4

Fabian
ISBN 978-3-423-11006-8
ISBN 978-3-423-19521-3

Gesang zwischen den Stühlen
Gedichte
Illustr. v. Erich Ohser
ISBN 978-3-423-11007-5

Drei Männer im Schnee
ISBN 978-3-423-11008-2
und dtv großdruck
ISBN 978-3-423-25258-4

Die verschwundene Miniatur
ISBN 978-3-423-11009-9

Der kleine Grenzverkehr
ISBN 978-3-423-11010-5

Der tägliche Kram
Chansons und Prosa
ISBN 978-3-423-11011-2

Die kleine Freiheit
Chansons und Prosa
ISBN 978-3-423-11012-9

Kurz und bündig
Epigramme
ISBN 978-3-423-11013-6

Die 13 Monate
Gedichte
Illustr. v. Celestino Piatti
ISBN 978-3-423-11014-3

Die Schule der Diktatoren
Illustr. v. Chaval
ISBN 978-3-423-11015-0

Bei Durchsicht meiner Bücher
Eine Auswahl aus vier Versbänden
ISBN 978-3-423-11017-4